1559/2009

Herausgegeben vom
aid infodienst
Ernährung, Landwirtschaft,
Verbraucherschutz e. V.
Heilsbachstraße 16
53123 Bonn
Internet: www.aid.de
E-Mail: aid@aid.de
mit Förderung durch das
Bundesministerium für Ernährung,
Landwirtschaft und Verbraucherschutz.

Text:
Dipl.-Ing. agr. Jörg Planer, Bonn

Redaktion:
Dipl.-Ing. agr. Jörg Planer, Bonn
Dipl.-Ing. agr. Anne Staeves, aid

Bilder:
siehe Seite 89

Grafik:
Otterbach Medien KG GmbH & Co.
Hardbergstraße 3
76437 Rastatt

Druck:
Druckerei Lokay e.K.
Königsberger Str. 3
64354 Reinheim

ISBN 978-3-8308-0848-0

Der eigene Garten

Mal eben raus einen knackigen Salat schneiden oder ein paar frische Kräuter sammeln. Auf dem Weg dahin am Himbeerstrauch vorbei und dabei noch ein paar süße Früchte für den Nachtisch gepflückt. So oder so ähnlich könnte es aussehen – mit einem eigenen Obst- und Gemüsegarten.

Wer sich und seine Familie mit etwas saisonfrischem Gemüse und Obst versorgen möchte, braucht dafür keine fußballfeldgroße Anbaufläche. Auch ein kleiner Garten oder sogar ein Balkon oder eine Terrasse eignen sich für die Anlage eines Nutzgartens. Neben dem unvergleichlichen Genuss von selbst geerntetem Gemüse und Obst bietet so ein Nutzgarten Kindern die Möglichkeit, zum ersten Mal die Entstehungsprozesse von Lebensmitteln kennenzulernen. Zudem spart man das Geld für den Gemüse- und Obsteinkauf und erholt sich bei der Gartenarbeit vom Alltagsstress.

Doch etwas Mühe und Schweiß muss man schon investieren: Denn so ein Nutzgarten will gepflegt sein. Spätestens im März beginnt das Jahr im Obst- und Gemüsegarten. Dann müssen die Beete für die Aussaat vorbereitet und die Jungpflanzen angezogen werden. Wer früh im Jahr fleißig ist, kann im April schon die ersten Früchte seiner Arbeit ernten: Frühe Kulturen wie Kohlrabi, Salat oder Spinat sind dann schon erntereif. Ab Mai können die wärmeverliebten Sonnenkinder wie Tomaten, Gurken oder Andenbeeren in den Boden. Mit fortschreitendem Sommer sprießt es im Garten mehr und mehr, so dass es auch eine Menge zu ernten gibt. Doch nicht nur das Gemüse, sondern auch das Unkraut wächst und muss dringend gejätet werden, damit es nicht in Konkurrenz zu den Nutzpflanzen tritt. Gegen Herbst wird es dann wieder etwas ruhiger: Ab jetzt kann der Garten so langsam wieder auf das nächste Jahr vorbereitet werden. Während der Wintermonate ist dann ausreichend Zeit zum Stöbern in Saatgutkatalogen oder für die Anbauplanung für das nächste Jahr.

Dieses Heft begleitet Sie durch das Gartenjahr im Obst-, Gemüse- und Kräutergarten. Monat für Monat erfahren Sie, welche Arbeiten es im Nutzgarten zu erledigen gibt und was im jeweiligen Monat noch gesät oder gepflanzt werden kann. Neben allgemeinen Tipps und Tricks zu verschiedenen Gartenarbeiten erfahren Sie auch Interessantes zu speziellen Gartenthemen.

Die Tipps sind eine Sammlung der besten Beiträge aus der Rubrik "Tipps für Hobbygärtner", die seit März 2005 mit großem Erfolg auf wwe.de - der Verbaucherseite des aid - erscheint. Sie sind langjährig erprobt und zur Nachahmung empfohlen. Wir freuen uns auf Ihre Rückmeldungen, Kritik, Lob, Anregungen, Fragen und Kommentare über aid@aid.de.

Das Gartenjahr startet im März, da ab dann mit den ersten Arbeiten im Freiland begonnen werden kann. Je nach Region in Deutschland kann es hinsichtlich der zeitlichen Angaben zu Abweichungen kommen.

März

Die Saison wird eingeläutet

Jetzt im März können die Beete für die Aussaat oder das Pflanzen vorbereitet werden, vorausgesetzt der Boden ist frostfrei und nicht zu nass. Bei der Beetvorbereitung kommt es besonders auf die richtige Bodenbearbeitung an, denn diese unterstützt eine gute Wasserführung, erhöht die Durchlüftung und fördert die Aktivitäten der Bodenlebewesen. Das heißt aber nicht, dass der Boden ständig gelockert oder gar umgegraben werden muss.

Bild 1: Der Spaten ist nicht immer das geeignete Gerät zur Bodenbearbeitung.

Das erste Gemüse kann in die Erde

So einiges an Gemüse, Salat und Kräutern kann im März bereits ins Freiland gesät werden, vor allem in den milderen Regionen Deutschlands. Wer über ein Frühbeet oder sogar ein Gewächshaus verfügt, kann sich auch schon mal um die Jungpflanzenanzucht verschiedener Kulturarten wie Kohl, Porree und Salat Gedanken machen, die dann im April oder

Die richtige Bodenvorbereitung

Als Faustregel gilt: Der Boden sollte gelockert werden, ohne die Aktivitäten der Bodenorganismen zu zerstören. Denn diese sind in ihrer Lebensweise auf die unterschiedlichen Bedingungen in den verschiedenen Bodenschichten spezialisiert. Das bedeutet mit anderen Worten, dass eine wendende Bodenbearbeitung mit dem Spaten keine günstige Wirkung auf das Bodenleben hat. Bodenlebewesen, wie z.B. Regenwürmer und Springschwänze, die in tieferen Bodenschichten leben, werden an die Bodenoberfläche geholt, wo sie nicht oder nur schlecht existieren können. Umgekehrt finden Lebewesen, die in oder auf den oberen Bodenschichten leben in tiefen Schichten keine passenden Lebensbedingungen.

Das richtige Gerät wählen

Die Art der Bodenbearbeitung beziehungsweise das richtige Bearbeitungsgerät wird vor allem durch die Bodenart und -beschaffenheit bestimmt:
Der Spaten sollte nur bei schweren, zur Verdichtung neigenden, tonigen und lehmigen Böden zur Anwendung kommen. Diese Böden sollten dann möglichst schon im Herbst grobschollig umgegraben werden, um die winterliche Frosteinwirkung – die so genannte Frostgare – auszunutzen. Auf Dauer sollte man schwere Böden durch geeignete Maßnahmen verbessern, zum Beispiel durch das Einbringen von Kompost, Gründüngung oder Sand.

Für alle anderen Böden ist eher Zurückhaltung gefragt, das heißt die Erde sollte nur leicht gelockert und nicht gewendet werden. Dazu bieten sich diverse Arbeitsgeräte an wie zum Beispiel

- der Grubber (auch Kultivator genannt),
- der Sauzahn oder
- die Grabe- beziehungsweise Doppelgrabegabel (besonders rückenschonend).

Zur anschließenden Vorbereitung eines feinkrümeligen Oberbodens für die Aussaat kann ein so genannter Krümler oder eine Harke verwendet werden.

Mit der Bodenbearbeitung kann auch direkt Kompost als Bodenverbesserer und Dünger oberflächlich in den Boden eingebracht werden. Die Menge richtet sich danach, wie viele Nährstoffe noch im Boden vorhanden sind und welche Kulturen angebaut werden. Eine Bodenprobe gibt Hinweise über den Nährstoffgehalt des Bodens. Adressen zur Analyse der Bodenproben finden Sie u. a. unter www.vdlufa.de (unter Links/LUFA)

Mai ins Freiland gepflanzt werden. Wer im April gerne Frühkartoffeln legen möchte, sollte jetzt daran denken, die Pflanzkartoffeln vorzukeimen. Im Obstgarten werden im März, wenn nicht bereits geschehen, noch letzte Schnittarbeiten an den Gehölzen vorgenommen. An frostfreien Tagen können Obstgehölze, die noch keinen Austrieb zeigen, gepflanzt werden. Leimringe gegen Frostspanner werden jetzt entfernt, dabei den Stamm unter dem Leimring gründlich abbürsten, damit auch dort abgelegte Eier vernichtet werden. Auch an die Düngung sei erinnert: Obstgehölze freuen sich über etwas Kompost und belohnen dies meist mit einer reichen Ernte. Da die meisten Kräuterarten sehr wärmebedürftig sind, herrscht im März eher noch Ruhe im Kräutergarten. Einige Kräuter wie Thymian, Salbei oder Bohnenkraut können allerdings jetzt schon zurückgeschnitten werden.

Bild 2: Jungpflanzenanzucht im Gewächshaus

Dies kann im März gesät oder gepflanzt werden:	
Direktsaat ins Freiland	Dicke Bohnen, Zuckererbsen, Erdbeerspinat, Haferwurzel, frühe Karotten, Pastinake, Radieschen, Rote Bete, Schwarzwurzeln, Spinat (früher), Zuckerwurzel, Zwiebel (Saat-, Bund-), Blattsalate (Eichblatt, Kraussalat, Lollo), Eissalat, Kopfsalat, Romana-Salat, Anis, Kerbel, Kresse, Kümmel, Pimpinelle, Petersilie, Sauerampfer
Jungpflanzenanzucht	Unterglas: Artischocke, Aubergine, Paprika, Sellerie (Knollen-, Stangen-), Tomaten, Basilikum, Bohnenkraut, Schnittsellerie, Andenbeeren Frühbeet: Blumenkohl (Sommer-), frühe Kohlrabi, Rot-/Weißkohl (Herbst-), Porree (Herbst-), Oregano, Schnittlauch Freiland: Brokkoli, Spitzkohl (Sommer), Rosenkohl, Rot-/Weißkohl (Lager-), Wirsing (Herbst-), Blattsalate (Eichblatt, Kraussalat, Lollo), Eissalat, Kopfsalat, Romana-Salat
Pflanzung ins Freiland	Knoblauch, Knollenziest, Spitzkohl (früher), Wirsing (früher), Rhabarber, Grünspargel, Topinambur, Zwiebel (Steck-), Romana-Salat, Bärlauch, Estragon (franz.), Liebstöckel, Meerrettich, Sauerampfer, Schnittlauch, Apfel, Birne, Pflaume, Holunder

Spezielles im März

Wenn Salatköpfe schießen – jetzt schon vorbeugen

Fängt der Salat auf dem Beet urplötzlich an, sich in die Länge zu strecken anstatt füllige Köpfe zu bilden, hat der Gärtner meist etwas falsch gemacht. Denn das vorzeitige Ansetzen von Blüten und Samen, in der Fachsprache „Schießen“ oder „Schossen“ genannt, zeigt an, dass die Wachstumsbedingungen für die Pflanze nicht optimal sind – die Pflanze ist quasi „gestresst“.
Ein in die Höhe geschnellter Salat ist ungenießbar. Das Gleiche gilt auch für andere Pflanzenarten wie Spinat, Gemüsefenchel, Sellerie oder Radieschen. Die Gründe für das Schießen sind vielfältig und in vielen Fällen auf Kulturfehler zurückzuführen. Die diesjährige Aussaat steht nun kurz bevor und man hat es jetzt in der Hand, durch geeignete Maßnahmen vorzubeugen.

Gemüse saisongerecht säen

Das Wachstum der Pflanzen wird durch viele natürliche Faktoren beeinflusst, unter anderem auch durch die Tages(licht)länge. Bei manchen Pflanzen werden Blüten- und Samenbildung angeregt, sobald die Tageslänge eine bestimmte Stundenzahl unterschreitet. Bei anderen ist dies genau umgekehrt. Im letzteren Fall spricht man von so genannten Langtagpflanzen. Sie beginnen erst dann, sich auf die Blütenbildung einzustellen, wenn die tägliche Lichteinwirkung eine bestimmte Dauer überschreitet. Gleichzeitig wird das vegetative Wachstum, das heißt die Bildung von Blättern, Stängeln oder Wurzeln, eingeschränkt. Dahinter steckt ein komplexer Prozess in der Pflanze, der durch Lichtreize und Botenstoffe gesteuert wird. Wie lange die Lichtphase dauern muss, um die Blütenbildung anzuregen, ist abhängig von Art und Sorte.
Da wir bei den „Langtaggemüsen“ oft die vegetativen Pflanzenorgane verzehren – eine Ausnahme ist die Erbse –, darf es bei diesen Kulturen nicht zur Blüten- und Samenbildung kommen. Solche Gemüse sollten daher unter Kurztagsbedingungen im Frühjahr oder Herbst angebaut werden. Dank intensiver Züchtung gibt es für einige der zu den Langtagpflanzen zählenden Gemüsearten wie Spinat oder Salat heute so genannte „schossfeste“ Sorten, die unbesorgt auch in den Sommermonaten ausgesät werden können.

Beispiele für Langtagpflanzen im Gemüsegarten:
Kopfsalat, Endivie, Spinat, Radieschen, Rettich, Feldsalat, Knollenfenchel, Erbse

Von Hobbygärtnern bleibt häufig unbeachtet, dass es nach wie vor Sorten gibt, die nur für eine Aussaat im Frühjahr oder Spätsommer/Herbst geeignet sind. Die ideale Saatzeit ist vom Saatguthersteller immer auf der Samentüte angegeben. Vor der Aussaat sollten daher immer sorgfältig die Packungsangaben gelesen werden.

Ungünstige Temperaturen

Es ist nicht immer das Licht, das das Gemüse veranlasst, in die Höhe zu schießen. Auch die Temperatur hat Auswirkungen auf das Blühverhalten. So kann es beispielsweise bei Sellerie oder Kohlrabi vorkommen, dass die Pflanzen wegen Kälte bei zu früher Aussaat oder Spätfrösten im Mai direkt zu blühen beginnen. Andere Kulturen wie Salat oder Spinat schießen dagegen manchmal bei zu hohen Temperaturen. Daher der Tipp: Immer an die empfohlenen Saatzeiten halten.

Bild 3: Zu hohe Temperaturen können dazu führen, dass Salatpflanzen zu früh in Blüte gehen.

Vermeiden von Stressfaktoren

Viele Faktoren können bei Pflanzen Stress und damit vorzeitige Blütenbildung auslösen. So begünstigt zum Beispiel eine zu dichte und tiefe Saat das Schossen vieler Gemüsepflanzen. Auch hier gilt: Bei der Aussaat immer an die Packungsangaben halten. Andere Stressfaktoren sind extreme Trockenheit (Radieschen, Rettich), stark verfestigte Böden, Wurzelschäden oder Pilz- und Insektenbefall. So mancher Pflanze wird es dann zu viel und sie setzt alle Kräfte daran, noch frühzeitig Nachkommen zu schaffen.

Rechtzeitige Ernte

Man sollte nicht vergessen, Gemüse rechtzeitig zu ernten. So mancher Hobbygärtner kommt vor lauter Arbeit im Büro kaum noch in den Garten. Irgendwann ist das optimale Erntestadium jedoch einfach überschritten.

Auch blühendes Gemüse ist schön anzusehen

Nicht jedes geschossene Gemüse hat seinen Zweck verfehlt. Es kann durchaus ganz schön sein, die eine oder andere Gemüsepflanze beim Blühen zu beobachten, denn so oft bekommt man dieses Phänomen ja nicht zu sehen. Die Pflanzen nehmen durch das Schießen teils bizarre Formen an: Kopfsalate wirken beispielsweise wie bunte Kegel.

Bild 4: Geschossene Salate nehmen bizarre Formen an.

Kartoffelanbau im Eimer

Eine platzsparende und zugleich spannende Alternative zum üblichen Kartoffelbeet ist der Anbau von Kartoffeln im Eimer. Vor allem dann, wenn nur ein Balkon als Freifläche zur Verfügung steht. Alles was man dazu benötigt,

Bild 5: Mit der Eimermethode kann man die Kartoffelblüte auch auf dem Balkon genießen.

ist etwas Erde und ein ausreichend großes Gefäß mit einem Volumen von zehn Litern oder mehr – je größer das Gefäß, umso besser. Es spielt keine Rolle, ob Metallkübel, Plastikeimer oder Holzkisten verwendet werden. Wichtig ist, dass der Behälter über Löcher im Boden verfügt, so dass überschüssiges Wasser ablaufen kann.
Besonders zu empfehlen sind große schwarze Plastikeimer, da diese sich bei Sonneneinstrahlung schneller erwärmen. Doch Vorsicht: Den Plastikeimer nie in die pralle Sonne stellen, da es sonst zu warm für die Pflanzen wird. Im Handel sind auch so genannte Kartoffel-Pflanzsäcke mit einem Volumen von etwa 40 Litern erhältlich. Diese bestehen aus zusammenfaltbarer Kunststofffolie, die nach der Ernte platzsparend verstaut werden kann.

Wie funktioniert´s?

Begonnen wird damit, den Gefäßboden mit einer etwa 15 bis 20 Zentimeter dicken Schicht aus einem Erde-Kompost-Sand-Gemisch zu bedecken. Sollte kein Kompost zur Verfügung stehen, können auch einfach ein paar Hornspäne, die im Gartenfachhandel erhältlich sind, unter die Erde gemischt werden. In die Erdschicht werden nun einige Kartoffeln etwa fünf Zentimeter tief vergraben – der Gärtner spricht dann von „Kartoffeln legen". Für einen Zehn-Liter-Eimer benötigt man etwa drei bis vier Knollen. Um die Keimung zu beschleunigen, können die Knollen schon ab Ende Februar an einem hellen Ort bei 12 bis 15 °Celsius für etwa zwei Wochen vorgekeimt werden.

Bild 6: Vor dem Pflanzen sollten die Kartoffelknollen vorgekeimt werden.

Immer wieder mit Erde bedecken

Sobald die Kartoffeln die Sprossspitzen aus der Erde schieben, wird eine Schicht Komposterde darübergegeben, bis kein Grün mehr zu sehen ist. Beim erneuten Durchtreiben der Spitzen wiederholt man diesen Vorgang solange, bis der Gefäßrand erreicht ist. Danach lässt man die Pflanzen einfach wachsen. Das schichtweise Auffüllen der Erde hat den Effekt, dass auf verschiedenen Horizonten des Gefäßes die Knollenbildung angeregt wird. Das heißt, die Knollen wachsen sowohl direkt über dem Gefäßboden als auch knapp unterhalb der Gefäßoberkante.

Gießen nicht vergessen

Bei heißer und trockener Witterung ist es wichtig, die Pflanzen regelmäßig zu gießen. Kartoffeln ver-

Ein paar ausgefallene Kartoffelsorten für den „Kartoffeleimer"

- Blauer Schwede: mittelfrühe Sorte; blauschalig und -fleischig; mehlig- bis festkochend
- Vitelotte (Blaue französische Trüffelkartoffel): mittelfrühe, französische Sorte, wurde schon vor 1850 angebaut, schwarz-blaue Schale, blau-violettes Fleisch, weiß marmoriert, mehligkochend, aber schnittfest, langovale Knollen
- Bamberger Hörnchen: mittelfrühe Landsorte aus Franken, länglich, gelbfleischig, festkochend
- Highland Burgundy Red: mittelspäte englische Sorte, um 1920 angebaut, langovale Knollen, Schale rot, Fleisch rot mit weißem Ring außen, mehligkochend
- La Ratte: mittelspäte Sorte, gelbschalig, festkochend, aus Frankreich stammend, vor 1872 erstmals angebaut, lange, fingerförmige Knollen; Schale und Fleisch gelb, niedrige Pflanzen mit rosa Blüte, festkochend, Salatkartoffel

Bild 7: Ausgefallene Kartoffelsorten werten das Essen optisch ungemein auf.

dunsten viel Wasser und haben im Kübel nur einen eingeschränkten Wurzelraum. Je nach Witterung und Sorte, können ab etwa Juni/Juli die ersten Kartoffeln geerntet werden. Reif sind die Kartoffeln dann, wenn das Laub gelb wird und anfängt zu welken.

Pflanzzeit und Pflanzgut

Die Pflanzzeit richtet sich nach den äußeren Bedingungen und der Kartoffelsorte. Frühe Kartoffelsorten können bereits ab Ende März gepflanzt werden, mittelfrühe Sorten erst ab Mitte April. Da Kartoffeln frostempfindlich sind, müssen die Pflanzgefäße bei Nachtfrösten, die im März gelegentlich noch auftreten können, mit Vlies oder Folie geschützt werden. In der Regel friert es auf Balkonen zu dieser Jahreszeit jedoch nicht mehr.

Als Pflanzkartoffel kann natürlich jede beliebige Speisekartoffel, die im Handel erhältlich ist, verwendet werden. Zu empfehlen ist jedoch der Kauf von eigens zu diesem Zweck gehandelten Pflanzkartoffeln, da diese bessere Ernten bieten. Heute findet man im Gartenfachhandel meist gut sortierte Pflanzgutsortimente, auch in kleinen Packungen von einem bis fünf Kilogramm.

Kartoffelturm aus Autoreifen

Eine sinnvolle Verwertung von alten Autoreifen ist der Bau eines „Kartoffelturms". Dazu legt man zu Beginn einen Reifen flach auf den Boden und befüllt diesen, wie oben beschrieben, mit Gartenerde und Pflanzkartoffeln. Dann füllt man die Erde, wie man es auch im Eimer tun würde, nach und nach auf. Wenn die Oberkante des ersten Autoreifens erreicht ist, wird einfach ein zweiter Reifen oben aufgelegt und fortgefahren: Auf den zweiten kommt ein dritter Reifen usw. Dies lässt sich unter günstigen Umständen fortsetzen bis ein kleiner Turm von einem Meter Höhe erreicht ist.

Bernhard Gruber

Bild 8: So funktioniert der Kartoffelturm aus Autoreifen.

April

Noch sind Nachtfröste möglich

„Der April macht was er will" sagt schon der Volksmund. Und in diesen Worten steckt Wahrheit, denn dieser Monat ist für seine Wetterkapriolen bekannt. Im Garten geht es jetzt so richtig los. Die Beete sollten eigentlich schon alle hergerichtet sein. Wer dies im März nicht mehr geschafft hat, bekommt nun die letzte Chance dazu. Bis auf die sehr frostempfindlichen Arten, wie Tomaten, Gurken & Co. können die meisten Kulturen jetzt ins Freiland gesät oder gepflanzt werden.

Bild 9: Bis auf die sehr frostempfindlichen Arten können die meisten Kulturen jetzt ins Freiland gesät oder gepflanzt werden.

Bild 10: Mit Folie oder Vlies können kälteempfindliche Arten geschützt werden.

Man sollte schon frühzeitig mit dem Unkrautjäten beginnen. Denn wenn es noch klein ist, lässt es sich gut beseitigen. Ab Mai schießt das Unkraut dann förmlich, so dass man mit der Arbeit oft nicht nachkommt. Darüber hinaus sollten jetzt die Sämlinge der Märzsaaten, wenn nötig, auf Endabstand ausgedünnt werden. Da Nachfröste im April nicht auszuschließen sind, empfiehlt es sich, die kälteempfindlichen Arten nachts noch mit Folie oder Vlies abzudecken. Diese sollten aber tagsüber wieder entfernt werden, damit die Pflanzen genug Licht und Luft bekommen.

Auf der Fensterbank oder im geheizten Gewächshaus kann ab Mitte April in kleinen Töpfen oder Jogurtbechern mit der Anzucht der wärmebedürftigen Kulturen wie Gurken, Kürbisse, Paprika und Zucchini begonnen werden, damit diese ab Mitte Mai ins Freiland gepflanzt werden können.
Wer im Spätsommer/Herbst vergessen hat Erdbeeren zu pflanzen, kann dies im April noch nachholen. Für die Frühjahrspflanzung sind im Handel bewurzelte Topfpflanzen oder

Frigopflanzen, die bei Minusgraden gelagert wurden, erhältlich. Diese bringen noch im Pflanzjahr Ertrag, der jedoch geringer als bei der Herbstpflanzung ausfällt.

Dies kann im April gesät oder gepflanzt werden:	
Direktsaat ins Freiland	Dicke Bohnen, Zuckererbsen, Erdbeerspinat, Gemüsefenchel (nur schossfeste Sorten), Haferwurzel, frühe Karotten, Stielmangold, Pastinake, Radieschen, Rettich (Sommer-), Rote Bete, Rübstiel, Schwarzwurzeln, Spinat (früher), Zuckerwurzel, Zwiebel (Saat-, Bund-), Blattsalate (Eichblatt, Kraussalat, Lollo), Eissalat, Kopfsalat, Rauke, Romana-Salat, Anis, Dill, Estragon (russ.), Kapuzinerkresse, Kerbel, Koriander, Kresse, Kümmel, Oregano, Petersilie, Pimpinelle, Sauerampfer, Schnittlauch, Thymian
Pflanzung ins Freiland	Kartoffeln (Frühe und Lager-), Knoblauch, Knollenziest, Blumenkohl (Sommer-), Kohlrabi (früher), Spitzkohl (früher), Rosenkohl, Rot-/Weißkohl (früher), Wirsing (früher, Herbst-), Porree (Sommer-), Grünspargel, Topinambur, Zwiebel (Steck-, Bund-), Blattsalate (Eichblatt, Kraussalat, Lollo), Eissalat, Kopfsalat, Romana-Salat, Bärlauch, Estragon (franz.), Liebstöckel, Meerrettich, Pfefferminze, Rosmarin, Sauerampfer, Schnittlauch, Thymian, Apfel, Birne, Pflaume, Brombeeren, Erdbeeren (Containerpflanzen oder Frigopflanzen), Himbeeren (Herbst- und Sommer), Holunder
Jungpflanzenanzucht	Unterglas: Aubergine, Paprika, Sellerie (Knollen-, Stangen-), Tomaten, Endivie (Sommer-), Basilikum, Bohnenkraut, Schnittsellerie, Andenbeeren Frühbeet: Blumenkohl (Sommer-), Porree (Herbst-, Winter-), Chinakohl, Salbei, Schnittlauch Freiland: Gemüsefenchel (schossfeste Sorten), Brokkoli, Kohlrabi, Spitzkohl (Sommer-), Rosenkohl, Rot-/Weißkohl (Lager-), Wirsing (Herbst-, später), Kürbis, Zucchini, Zuckermais, Blattsalate (Eichblatt, Kraussalat, Lollo), Eissalat, Kopfsalat, Romana-Salat

Bild 11: Auf der Fensterbank können mit einfachen Methoden Jungpflanzen wärmeliebender Pflanzen angezogen werden.

Spezielles im April

Mischkultur im Garten

Bevor im April mit der Aussaat begonnen wird, sollte man einmal darüber nachdenken, ob man sich für den Gemüsegarten nicht die Vorteile einer Mischkultur zunutze machen will.

Bild 12: Bei der Mischkultur werden verschiedene Pflanzenarten mit positiven Wechselbeziehungen neben- und zwischeneinander angebaut.

Was ist Mischkultur?

Bei einer Mischkultur handelt es sich um ein zeitliches und räumliches Nebeneinander von Nutz- und Zierpflanzen mit unterschiedlichen Eigenschaften, zum Beispiel bezüglich Reifezeit, Nährstoffansprüchen oder Raumbedarf. Mit anderen Worten: Es wird versucht die Natur zu imitieren.
Bei der Anlage eines Mischkulturbeetes geht man jedoch keinesfalls zufällig vor, sondern versucht die wechselseitigen Wirkungen der Pflanzen möglichst positiv zu nutzen. Es gilt also nicht nur, eine ausgewogene Mischung aus Stark-, Mittel- und Schwachzehrern, Tief- und Flachwurzlern, Blatt- und Wurzelgemüse zu finden. Es ist auch wichtig, die verschiedenen Wechselwirkungen der Pflanzen zueinander zu beachten, die sehr unterschiedlich sein können. Einige bekannte Beispiele dafür sind in der unten stehenden Tabelle zu finden.

Vor- und Nachteile der Mischkultur

Eine gut geplante Mischkultur gewährleistet neben einem ausgewogenen Nährstoffentzug eine höchst effektive Nutzung der zur Verfügung stehenden Bodenfläche. Die gleichmäßige Pflanzendecke unterdrückt den Unkrautwuchs, hält den Boden feucht und krümelig und wirkt der

Beispiele für positive Wechselbeziehungen zwischen Kulturen

Kulturen	Art der Wirkung
Karotten und Zwiebeln/ Lauch	Gegenseitiger Schutz vor Möhren- bzw. Zwiebelfliege und Lauchmotte.
Schnittsellerie und Kohl	Sellerie schützt Kohl vor Erdflöhen und Raupen.
Kresse und Radieschen	Kresse hat positive Wirkung auf das Aroma von Radieschen.
Koriander/Kümmel und Kartoffeln	Koriander und Kümmel haben positive Wirkung auf das Aroma der Kartoffeln.
Bohnenkraut und Buschbohnen	Bohnenkraut schützt vor Schwarzer Bohnenblattlaus und fördert das Aroma der Bohnen.

Bodenerosion, also dem oberflächlichen Abtrag fruchtbaren Bodens durch Wind und Wasser, entgegen. Ausscheidungen verschiedener Stoffe aus Wurzeln, Blättern oder Blüten haben zudem eine positive Wirkung auf bestimmte Nachbarpflanzen oder helfen den Krankheits- und Schädlingsbefall zu reduzieren. Andererseits gibt es jedoch auch Pflanzen, die sich untereinander gar nicht „riechen" können.

Einer der wenigen Nachteile einer Mischkultur ist der etwas höhere Arbeitsaufwand bei Planung und Pflege. Außerdem bedarf es etwas Zeit, Geduld und Experimentierfreude, bis man herausgefunden hat, welche Pflanzenmischung für den gewählten Standort die beste ist.

Bild 13: Sellerie schützt Kohl vor Erdflöhen und Raupen.

Was empfiehlt sich für den Anfang?

Wer sich noch nicht gut auskennt, sollte zu Beginn nicht gleich den ganzen Garten in ein Mischkulturbeet verwandeln. Anfangs reicht es völlig aus, auf einem kleinen Teil des Beetes eine solche Mischkultur auszuprobieren. Um ein Gefühl für das Nebeneinander von Pflanzen zu bekommen, kann man ganz einfach eine Pflanzenart neben verschiedene andere säen und beobachten was passiert.

Helfendes Unkraut – Zeigerpflanzen

Unsere Urgroßeltern wussten noch die Unkrautflora im Garten richtig zu deuten: Viele Brennnesseln zum Beispiel deuten auf einen stickstoffreichen Boden hin, Ansammlungen von Ackerfuchsschwanz auf einen lehmigen. So genannte Zeigerpflanzen, in der Fachsprache auch „Indikatorpflanzen" genannt, können uns vieles über den Zustand des Gartenbodens verraten – wenn wir sie richtig zu deuten wissen.

Zeigerpflanzen besitzen eine ganz besondere Eigenschaft, die sie für das Erkennen von Standortfaktoren besonders interessant machen: Sie sind nur wenig tolerant gegenüber Veränderungen ihrer Lebensbedingungen. Das heißt, sie haben alle ganz besondere Vorlieben. So mögen Hundskamille und der Kleine Sauerampfer beispielsweise gerne sauren Boden, Ackerstiefmütterchen und Leinkraut hingegen eher einen alkalischen.

Bild 14: Brennnesseln weisen auf stickstoffreiche Standorte hin.

Beispiele für Zeigerpflanzen mit den durch sie angezeigten Standorteigenschaften:	
Standortbedingungen	**Zeigerpflanze**
stickstoffreicher Boden	Brennnessel, Melde, Vogelmiere, Kletten-Labkraut, Kohl-Gänsedistel, Garten-Wolfsmilch, Hirtentäschel, Persischer Ehrenpreis, Weißer Gänsefuß, Franzosenkraut, Giersch
stickstoffarmer Boden	Wilde Möhre, Mauerpfeffer, Breitblättriger Hohlzahn, Rauhaarige Wicke, Hundskamille
saurer Boden	Hundskamille, Kleiner Sauerampfer, Acker-Minze, Hasen-Klee, Schmalblättriges Weidenröschen
alkalischer Boden	Leinkraut, Luzerne, Acker-Stiefmütterchen, Vogelmiere, Acker-Senf, Kriechendes Fingerkraut, Wiesen-Salbei, Wiesen-Storchschnabel
nasser Boden	Ampfer, Kohl-Kratzdistel, Wiesen-Schaumkraut
trockener Boden	Sommer-Adonisröschen, Reiherschnabel, Mittlerer Wegerich, Zwerg-Storchschnabel, Färberkamille
verdichteter Boden, Staunässe	Acker-Schachtelhalm, Mädesüß, Acker-Minze, Huflattich, Acker-Kratzdistel, Kriechender Hahnenfuß, Quecke, Gänse-Fingerkraut, Breit-Wegerich
schattiger Standort	Sauerklee, Giersch, Gundermann

Hahnenfuß und die gemeine Quecke wachsen mit Vorliebe auf verdichteter Erde. Ebenso geht es dem Ackerschachtelhalm, dem dazu nicht mal nasse Füße – in Form von Staunässe – etwas ausmachen. Die Liste der Zeigerpflanzen ist lang, eine Auswahl ist in der Tabelle zu finden.

Altes Wissen sinnvoll nutzen

Zugegeben, so exakt wie eine Nährstoff- und pH-Wertanalyse aus dem Labor können die Indikatorpflanzen niemals sein – und das sollen sie auch nicht. Als ergänzendes Hilfsmittel haben sie aber ihre Berechtigung, denn Laborwerte zeigen immer nur einen Teil der Wahrheit über den Standort an. So kann ein Laborwert zum Beispiel keine Auskunft darüber geben, ob ein Boden sehr nass und verdichtet oder ein Standort sehr schattig ist. Zudem stellen Laborwerte immer nur Momentaufnahmen dar.
Richtig gedeutet, können Zeigerpflanzen den Gärtner in vielerlei Hinsicht bei der Arbeit unterstützen. Sie zeigen, wo im Garten ein erhöhter Düngebedarf ist oder wo man sich mit der Düngung besser zurückhält. Bei Neuerwerb oder Neugestaltung eines Gartengrundstücks helfen

Bild 15: Wo Kriechender Hahnenfuß wächst, ist der Boden oft verdichtet.

Zeigerpflanzen dabei, von vornherein die richtige Standortwahl für die Pflanzen zu treffen.

Verdichtete und staunasse Böden sind für den Gemüseanbau kaum zu gebrauchen. Ebenso ist es mit sauren Böden. Weiß man dies vorher, kann man entweder nach einem anderen Platz für das Gemüsebeet suchen, oder aber geeignete Maßnahmen in die Wege leiten, um den Zustand zu verbessern – zum Beispiel mithilfe einer Bodenlockerung oder einer Kalkung.

Richtig deuten

Eine einzelne Pflanze hat für einen Standort meist kaum Aussagekraft. Nur wenn Pflanzen einer Art gehäuft an einem Standort vorkommen, können erste Schlüsse über dessen Eigenschaften gezogen werden. Doch auch das Auftreten einer einzelnen Pflanzenart sollte noch nicht überbewertet werden. So gibt es zum Beispiel Arten, deren gehäuftes Vorkommen gleich mehrere Standorteigenschaften anzeigt: Vogelmiere kann beispielsweise auf sandige Böden oder auf Böden mit viel Stickstoff hinweisen. Erst das Auftreten einer Gruppe verschiedener Pflanzenarten mit entsprechenden Ansprüchen lässt eine verlässliche Aussage zu.

Gärtnern in der Vertikalen – Klettergemüse für den Hinterhof

Ein verbreitetes Problem unter „Stadtgärtnern“ ist, dass sie oft zu wenig Raum für den Anbau von Gemüse haben. Die paar Quadratmeter im Großstadtgärtchen oder auf dem Balkon reichen gerade mal für ein paar Blümchen und die Standardpalette Kräuter. Wo soll da noch Gemüse hin – noch dazu solches mit hohem Platzbedarf wie Kürbis oder Zucchini? Die Lösung dieses urbanen Gartenproblems heißt „Gärtnern in der Vertikalen“. Nach dem Motto – wo es in der Waagerechten fehlt, muss man in die Senkrechte – lockt man sein Gemüse und Obst an Klettergerüsten in die Höhe.

Was wird benötigt?

Für den vertikalen Gemüsegarten benötigt man nicht viel: Einige Pflanzgefäße, etwas Erde, eine geeignete Kletterhilfe und natürlich das passende Klettergemüse. Und damit sind nicht nur die üblichen rankenden Gewächse wie Erbse, Bohne, Gurke & Co. gemeint, sondern auch Gemüsearten, die ihr Dasein normalerweise eher in Bodennähe fristen. Unter diesen gelten die kleinfruchtigen Kürbisse und Melonen oder die kletternden Zucchini als besonders geeignet für den Anbau in der Vertikalen. Wer sich gerne an Exoten versuchen möchte, dem seien Pepino (Birnenmelone), Cyclanthere (Korila oder Hörnchenkürbis) oder Kiwano ans Herz gelegt. Auch Obstarten wie Himbeeren, Brombeeren, Kiwi und kletternde Erdbeeren lassen sich an geeigneten Kletterhilfen im Hinterhof ziehen.

Meinhard Siegmundt /PIXELIO

Bild 16: Kürbisse sind bestens geeignet für Rankgitter.

Gemüse und Obst für den vertikalen Garten	
Erbse	Zuckererbse, Markerbse, Schalerbsen
Bohne	z. B. Stangenbohnen, Feuerbohnen etc.
Gurke	Salatgurke
Tomate	z. B. Cherrytomaten, Flaschentomaten
Kletterzucchini	Sorten 'Black Forest' oder 'Black Hawk', bis zu 2 m hoch und bis zu 30 Früchte
Kleinfruchtiger Kürbis	'Jack Be Little', bis zu 30 Früchte (150 bis 300 g) an einer Pflanze 'Uchiki Kuri' (auch als 'Hokkaido' im Handel), kleine, orange-rote Früchte (1 bis 1,5 kg), ertragreiche Pflanze, reift früh, ist robust und wetterfest 'Sweet Dumpling', kleine Früchte (400 bis 600 g)
Kletternde Kapuzinerkresse *(Tropaeolum peregrinum)*	lange Triebe mit 2 bis 3 m Länge; bessere Klettereigenschaften als die bekannte Kapuzinerkresse *(Tropaeolum majus)*, die nur leicht klettert
Cyclanthere oder Hörnchenkürbis *(Cyclanthera pedata)*	einjährige rankende Pflanze mit vielen kleinen, leuchtend grünen Früchten, die olivengroß geerntet und vorwiegend roh als Gemüse verwendet werden
Pepino oder Birnenmelone *(Solanum muricatum)*	stammt aus dem südamerikanischen Hochland, kleine Früchte, die geschmacklich an eine Mischung aus Birne und Melone erinnern, sehr wärmebedürftig
Kiwano oder Horngurke *(Cucumis metuliferus)*	geschmacklich zwischen Banane, Gurke und Limone, hoher Wärmebedarf
Melone	kleinfrüchtige Sorten sind vorzuziehen, da sie sonst zu schwer werden, wärmebedürftig
Kiwi	winterfeste Sorten sind für unsere Breiten geeignet
Beerenobst	Himbeeren, Brombeeren
Klettererdbeere	bildet lange Triebe, die aufgebunden werden müssen

Kletterhilfen

Gemüse und Obst, das hoch hinaus möchte, benötigt eine passende Kletterhilfe. In den meisten Fällen reichen ein paar gespannte Schnüre oder Drähte aus, an denen das Gemüse aufgebunden werden kann. Stangen und Gerüste aus Holz, Bambus oder Stahl bieten den Pflanzen hingegen etwas mehr Halt. Dies empfiehlt sich zum Beispiel bei Gemüsearten mit schweren Früchten wie Kürbis oder Melone. Dabei muss es sich nicht immer um teure Edelstahl-Rankgitter oder Pergolen handeln. Billige Baustahlgitter geben den Pflanzen ebenfalls Stabilität und können mit einem Bolzenschneider in beliebig große Teile zerlegt werden. Und was die Ästhetik angeht: Kürbis, Gurke und Zucchini beispielsweise

Hekla Terriol / PIXELIO

Bild 17: Kletternde Zucchinisorten werden bis zu zwei Meter hoch und bieten mit ihren schönen Blüten auch etwas fürs Auge.

wachsen so rasch und üppig, das man das Gitter darunter bald nicht mehr sieht.

Ein Tipp für Familien mit kleinen Kindern: Dekorative Kletterpyramiden lassen sich gemeinsam mit Kindern leicht aus Weidenruten flechten. Neben dem Stützeffekt für das Gemüse bieten diese Pyramiden den Kindern im Sommer ein grünes und blühendes Zelt, an dem sie Gemüse „live“ beim Wachsen beobachten können. Wer kann schon im Kindergarten oder in der Schule behaupten, zuhause Zucchini oder Kürbisse auf dem (Zelt-)Dach zu haben!

Nicht nur praktisch, sondern auch schön

Vertikales Gärtnern bietet außer der äußerst sinnvollen Raumnutzung noch viele weitere Vorteile. So ist es zum Beispiel gerade für ältere Menschen einfacher, wenn sie sich für Pflege- und Erntearbeiten nicht ständig bücken müssen. Auch wärmeliebende Pflanzen wie Tomaten, Melonen oder Pepinos wissen ein warmes und windgeschütztes Plätzchen an der Hauswand zu schätzen. Denn die tagsüber von der Hauswand gespeicherte Wärme wird nachts wieder abgestrahlt und bietet den Pflanzen ein gleichmäßiges Klima.

Auf Terrassen oder Balkonen bietet eine dichte „Wand“ aus Kapuzinerkresse oder Kürbissen einen hervorragenden Wind- und Sichtschutz, der nicht nur praktisch, sondern dazu noch sehr schön anzusehen ist. Gleiches gilt für die Begrünung von tristen Fassaden. So manche unansehnliche Hauswand gewinnt durch ein sommerliches grün-buntes Kleid an Attraktivität und hilft damit so manches Stadtviertel zu verschönern.

Bild 18: Kiwis sind hervorragende Kletterer, die an Pergolen befestigt im Sommer ein kühlendes Schattendach bilden.

Mai

Die wärmeverwöhnten Sonnenkinder wollen in den Boden

Bild 19: Hacken ist jetzt dringend angeraten, um das Unkraut zu beseitigen und die Verdunstung zu reduzieren.

Ab Mitte Mai treten Nachfröste nur noch höchst selten auf. Nun können neben allen anderen Kulturen auch die sehr frostempfindlichen Arten wie Bohnen, Tomaten, Kürbisse, Gurken, Zucchini oder Mais gesät und gepflanzt werden. Wer fleißig war und rechtzeitig im März gesät hat, kann jetzt im Mai sogar schon das erste Gemüse ernten – Kohlrabi, Spinat, Radieschen und Rettich. In klimatisch begünstigten Gebieten und bei mildem Klima im Frühjahr ist das zum Teil sogar schon Ende April möglich.

Mehr und mehr werden nun auch Pflegearbeiten nötig: zum Beispiel Saatgemüse vereinzeln, Gießen oder Schnecken sammeln. Das Unkraut macht sich jetzt stärker denn je bemerkbar, so dass sich das Hacken der Beete, auch wegen der damit reduzierten Verdunstung, richtig lohnt. Gemüse wie Erbsen, Kohl, Frühkartoffeln, Porree und Karotten sollten regelmäßig angehäu-

Dies kann im Mai gesät oder gepflanzt werden:	
Direktsaat ins Freiland	Gemüse-Amaranth, Artischocke, Buschbohnen, Stangenbohnen, Dicke Bohnen, Zuckererbsen, Erdbeerspinat, Gemüsefenchel, Haferwurzel, Karotten, Kürbis, Stielmangold, Pastinake, Radieschen, Rettich (Sommer-), Rote Beete, Zucchini, Zuckermais, Zwiebel (Bund-), Blattsalate (Eichblatt, Kraussalat, Lollo), Eissalat, Salatgurke, Kopfsalat, Rauke, Romana-Salat, Anis, Dill, Estragon (russ.), Kapuzinerkresse, Kerbel, Koriander, Kresse, Oregano, Petersilie, Pimpinelle, Salbei, Schnittsellerie, Thymian
Pflanzung ins Freiland	Artischocke, Gemüsefenchel (schossfeste Sorten), Kartoffeln (Frühe und Lager-), Blumenkohl (Sommer-), Brokkoli, Kohlrabi (früher), Spitzkohl (Sommer-), Rosenkohl, Rot-/Weißkohl (früher, Herbst-, Lager-), Wirsing (Herbst-), Kürbis, Paprika, Porree (Sommer-, Herbst-), Sellerie (Knollen-, Stangen-), Tomaten, Zucchini, Zuckermais, Zwiebel (Bund-), Chinakohl, Blattsalate (Eichblatt, Kraussalat, Lollo), Eissalat, Endivie (Sommer-), Kopfsalat, Romana-Salat, Bärlauch, Basilikum, Bohnenkraut, Meerrettich, Zitronenmelisse, Oregano, Pfefferminze, Rosmarin, Salbei, Schnittlauch, Thymian, Andenbeeren, Brombeere, Himbeeren (Herbst- und Sommer), Kiwi
Jungpflanzenanzucht	Frühbeet: Blumenkohl (Sommer-), Chinakohl, Endivie (Sommer-), Salbei Freiland: Blumenkohl (Herbst-), Gemüsefenchel, Brokkoli, Grünkohl, Kohlrabi, Spitzkohl (Sommer-), Wirsing (später), Steckrübe, Blattsalate (Eichblatt, Kraussalat, Lollo), Eissalat, Kopfsalat, Romana-Salat

felt werden. Rankende Pflanzen wie Erbsen, Stangenbohnen oder Gurken sollten rechtzeitig aufgebunden werden.

Rhabarber schätzt es sehr, wenn man im Mai die Blütentriebe entfernt. Der Grauschimmelbefall bei Erdbeeren kann vermindert werden, indem man den Boden unter den Pflanzen mit Stroh mulcht. Wer Zeit hat, kann auch die Gemüsebeete mulchen, dadurch wird die Verunkrautung stark reduziert. Doch Achtung: Mit zunehmender Menge Mulch nimmt auch das Schneckenproblem zu, denn die fühlen sich darin pudelwohl.

Bild 20: Grünspargel wächst oberirdisch und ist im Anbau unkomplizierter als der weiße.

Spezielles im Mai

Spargel aus eigener Ernte

Spargelzeit – auf Deutschlands Feldern wird ab April Spargel gestochen. Bis Ende Juni kann man das königliche Gemüse nun genießen. Doch wie wäre es einmal mit Spargel aus dem eigenen Garten? Auch wenn es nur ein paar Stangen sind, soviel sei versprochen: Selbst kultiviert schmeckt er noch besser.

Für den Anfänger eignet sich Grünspargel

Wer noch keine Erfahrungen mit der Kultur von Spargel hat, dem sei für den Anfang Grünspargel empfohlen, der im Anbau unkomplizierter ist als der weiße. Grünspargel wächst oberirdisch auf flachen Beeten. Damit entfällt das aufwändige Bauen der Dämme und beim anschließenden Ernten können auch kaum Fehler gemacht werden. Weitere Vorzüge von Grünspargel sind: Er muss nicht geschält werden, schmeckt würziger als der Weiße und hat obendrein einen höheren Gehalt an gesundheitsfördernden Inhaltstoffen wie zum Beispiel Vitamin C.

Beetvorbereitungen

Das A und O beim Spargelanbau ist der richtige Boden, wobei Grünspargel da nicht ganz so anspruchsvoll ist. Die Erde sollte möglichst locker, leicht erwärmbar und etwas kalkhaltig sein. Bei pH-Werten unter 5,5 sollte man etwas Kalk in den Boden mischen. Stauende Nässe vertragen Spargelpflanzen gar nicht. Man sollte daher ein sonniges Plätzchen im Garten suchen, welches frühzeitig für den Anbau vorbereit wurde. Am besten wird schon im Herbst oberflächlich etwas Kompost in die Erde eingearbeitet. Die Menge richtet sich nach Humusgehalt und Nährstoffvorrat im Boden. Diese können anhand von Bodenproben ermittelt werden (Adressen siehe S. 90).

Pflanzgut

Spargel-Jungpflanzen kann man über eine Gärtnerei in der Nähe oder das Internet beziehen. Gepflanzt werden die fleischigen Wurzelstöcke, je nach Klima, zwischen Anfang März und Mitte April. Dazu hebt man mit dem Spaten einen 40 Zentimeter breiten und 25 Zentimeter tiefen Graben (Grabenabstand etwa ein bis 1,2 Meter) aus, dessen Sohle gründlich gelockert werden sollte. In diesen Graben werden dann in Abständen von 40 Zentimetern aus Kompost kleine Hügel angelegt, auf die die Spargelwurzeln gebettet werden. Die Wurzelköpfe sollten etwa 15 Zentimeter unterhalb der Erdoberfläche liegen. Anschließend wird die ausgehobene Erde mit etwas Kompost – bei schweren Böden zusätzlich mit etwas Sand – gemischt, zurück in den Graben verfüllt und fest angetreten. Zu guter Letzt wird alles gut angegossen.

mehr ernten, damit die Pflanzen bis zum Herbst wieder genügend Kraft sammeln können. Spargelpflanzungen sind insgesamt etwa 10 Jahre nutzbar, wobei der Ertrag zum Ende hin immer geringer wird. Aufgrund der langen Vorlaufzeit von zwei Jahren (vor der ersten Ernte) empfiehlt es sich daher, früh genug mit der Anlage eines neuen Beetes zu beginnen. Um Fruchtfolgekrankheiten zu vermeiden, sollte dieses an einer anderen Stelle im Garten angelegt werden.

Lebenslauf eines Spargelbeetes

Zeit	**Maßnahme**
Herbst 2009	Bodenanalyse und Kompostgabe
März/April 2010	Pflanzen
Sommer/Herbst 2010	Pflegearbeiten (Gießen, Unkraut jäten, Düngen), im Herbst das Spargellaub abschneiden
Frühling bis Herbst 2011	Pflegearbeiten (s. o.)
Mai bis Juni 2012	1. Ernte
Mai bis Juni 2013	2. Ernte
…	…
2017	Vorbereitung eines neuen Beetes

Pflege und Ernte

In den beiden ersten Jahren nach der Anlage darf leider noch nicht geerntet werden, damit die Pflanzen einen kräftigen Wurzelstock bilden. In dieser Zeit sollte man die Pflanzen jedoch pflegen, das heißt Düngen (z. B. mit Kompost oder Hornspänen), Wässern und Unkraut jäten. Im Herbst wird das Spargellaub abgeschnitten.

Ab dem 3. Jahr steht dann die erste Ernte an. Ab Anfang Mai kann der Grünspargel bei einer Länge von etwa 20 bis 25 Zentimetern geerntet werden, bevor sich die Köpfe „öffnen". Geschnitten wird direkt oberhalb des Erdbodens mit einem scharfen Messer. Ab dem Johannistag (24. Juni) sollte man nicht

Waldmeister gedeiht gut im Gartenbeet

Ob knallgrüner Wackelpudding, Eis oder Maibowle – Waldmeister verleiht den verschie-

Bild 21: Waldmeister sollte vor der Blüte geerntet werden.

densten Speisen und Getränken ein unverwechselbares Aroma. Das Kraut mit den quirlig angeordneten Blättern wächst natürlicherweise in heimischen Buchenwäldern. Wie alle Wildkräuter kann die Pflanze überall dort unbedenklich gepflückt werden, wo sie nicht schädlichen Einflüssen wie Abgasen oder Chemikalien ausgesetzt ist.

Ungeübte sollten jedoch auf keinen Fall auf eigene Faust sammeln gehen! Denn Waldmeister kann leicht mit giftigen Pflanzen verwechselt werden. Wer unsicher ist oder sich den Weg in den Wald sparen möchte, kann sich die Pflanze mit der besonderen Note auch in den eigenen Garten holen.

Hauptsache Schatten

Waldmeister kann im Garten problemlos kultiviert werden, wenn man ein paar Dinge beachtet. Entsprechend seiner natürlichen Umgebung verlangt Waldmeister nach einem schattigen Standort mit feuchtem und humosem Boden. Daher platziert man ihn am besten direkt unter einem schattenspendenden Laubbaum oder Strauch. Direkte Sonneneinstrahlung mag er überhaupt nicht, sie sollte daher unbedingt vermieden werden.

Einfache Vermehrung

Waldmeister wird etwa 20 bis 30 Zentimeter hoch und blüht im Mai oder Juni, manchmal auch schon im April. Am einfachsten wird er über Wurzelteilung vermehrt. Dazu gräbt man im Spätsommer oder Herbst die Pflanzen samt Wurzeln aus der Erde und teilt den Wurzelballen in mehrere Teile. Diese Pflanzen werden dann im Garten nicht zu tief wieder eingepflanzt und gut feucht gehalten.

Eine Vermehrung über Samen ist ebenfalls möglich. Gesät wird im Herbst, da es sich bei Waldmeister um einen Frostkeimer handelt. In Abständen von etwa 20 Zentimetern werden mehrere Samen etwa einen Zentimeter tief in den Boden gelegt. Anschließend wird die Saat mit Laub oder Moos bedeckt, von der sie erst wieder befreit wird, wenn die Pflänzchen im Frühjahr sprießen. Zu diesem Zeitpunkt können Pflanzen, die zu dicht stehen, etwas vereinzelt werden.

Besonders pflegeleicht

Hinsichtlich der Pflege ist Folgendes zu beachten: Auf das Hacken sollte wegen der oberflächennahen Wurzeln und Rhizome verzichtet werden. Über die Rhizome verbreitet sich der Waldmeister ganz von selbst im Garten, so dass man nach einigen Jahren einen dichten Bestand erhält. Auf eine Düngung sollte in jedem Fall verzichtet werden, da diese bei Waldmeister mehr schadet als nützt.

Ernte vor der Blüte

Die erste Ernte sollte frühestens im zweiten Jahr nach der Pflanzung oder Saat stattfinden, da die Wurzelstöcke der Pflanze sonst zu stark geschwächt werden. Geerntet wird je nach Region im April oder Mai. Die Stängel werden samt Blättern kurz über der Erde abgeschnitten und zu einem Bund zusammengebunden.

Das frische Kraut ist noch geruch- und geschmacklos und muss erstmal schonend (etwa ein bis zwei Tage) getrocknet werden. Während der Trocknung wird der Wirkstoff Cumarin abgespalten, der für den charakteristischen Geschmack und Geruch verantwortlich ist.

Nicht im Übermaß

Bei der Dosierung von Waldmeister ist Vorsicht geboten, da der Wirkstoff Cumarin – auch in Zimt vorkommend – bei zu hoher Dosierung zu Kopfschmerzen, Schwindel oder Erbrechen führen kann. Bei niedriger Dosierung besteht keine Gefahr. Für die Maibowle reichen etwa drei Gramm des Krautes je Liter aus, um ihr den für Waldmeister typischen Geschmack zu verleihen. Bei der Zubereitung legt man das angewelkte Kraut in ein Sieb und übergießt es. Einweichen sollte man es besser nicht, da es sonst zu erhöhten Cumaringehalten kommen kann. Ebenso wie mit der Bowle kann man auch mit Fruchtsäften verfahren: zum Beispiel drei Gramm Waldmeister je Liter Apfelsaft.

Erdnüsse und andere Exoten

Man mag sich Folgendes vorstellen: Man läuft im Baumarkt oder der Gärtnerei zufällig an einer Erdnusspflanze vorbei, die da unauffällig als Pflanzgut neben Zucchini und Tomaten auf dem Angebotstisch steht. Spontan werden einem möglicherweise Dutzende von Fragen durch den Kopf schießen, wie: „Wachsen die denn bei uns?" oder „Bilden die hier auch Nüsse aus, die man essen kann?". Und schließlich die Frage aller Fragen: „Wie wachsen Erdnüsse überhaupt?"

Wahrhaftig es gibt sie, die Erdnuss für den deutschen Garten. *Arachis hypogaea* – die Erdnuss – wächst dank der Bemühungen eifriger Züchter auch bei uns. Voraussetzung ist ein lockerer, sandiger Boden und ein warmes Plätzchen an der Sonne. Das Besondere an der Erdnuss ist, dass die Früchte unterirdisch wachsen. Doch nicht, wie man vielleicht vermuten mag, an den Wurzeln, sondern endständig an oberirdischen Blütenstängeln. Diese krümmen sich nach der Bestäubung und wachsen etwa fünf bis sechs Zentimeter in das Erdreich hinein um dort die Nüsse auszubilden. Allein für dieses ungewöhnliche Naturschauspiel lohnt sich der Kauf einer Erdnusspflanze.

Geeignete Exoten für den Garten

Die Erdnuss ist nicht der einzige Exot, der in unseren deutschen Gärten wächst. Dank pfiffiger Züchtungen gibt es heute eine ganze Reihe tropischer und subtropischer Pflanzen, die sich hier kultivieren lassen. Zudem könnte die prognostizierte Klimaentwicklung dazu beitragen, dass tropische Gewächse zukünftig auch in unseren Breiten besser gedeihen.
Kiwi und Andenbeere gelten bei manchen

Bild 22: Erdnuss-Snack – aus dem eigenen Garten?

Exoten, die für den Anbau im eigenen Garten geeignet sind:	
Einjährige Exoten:	**Beschreibung**
Erdnuss *(Arachis hypogaea)*	Für den Verzehr müssen die reifen Nüsse mit der Schale etwa 20 Minuten im Backofen (120 - 160 °C) getrocknet werden; nach dem Abkühlen können die Nüsse dann gegessen werden.
Kiwano *(Cucumis metuliferus)*	Die Pflanze ist der Gurke sehr ähnlich und wird wie diese zweitriebig an Schnüren aufgebunden. Die Frucht enthält grünliches Gelee, das geschmacklich zwischen Gurke, Limone und Banane liegt.
Pepino *(Solanum muricatum)*	Pepino eignet sich als Ampelpflanze auf Balkon oder Terrasse. Die Früchte erinnern geschmacklich etwas an Melonen.
Tomatillo *(Physalis ixocarpa)*	Tomatillo ist eng verwandt mit der Andenbeere. Die Pflanzen werden 1,5 bis 2 m hoch. Mit ihrem säuerlich würzigen Aroma passen sie gut zu Mischgemüse-Gerichten.
Mexikanische Minigurke *(Zehneria scabra)*	Das Klettergewächs bildet im Sommer eine Vielzahl an Früchten, die im Aussehen an Miniwassermelonen erinnern und frisch säuerlich schmecken.
Hörnchenkürbis *(Cyclanthera pedata)*	Der Hörnchenkürbis ist ein stark rankendes Kürbisgewächs. Die Früchte können, wenn sie olivengroß sind, geerntet und roh gegessen werden.
Andenbeere *(Physalis peruviana)*	Die Pflanze wird etwa 100 cm hoch und blüht von Juli bis September.
Mehrjährige Exoten:	**Beschreibung**
Winterharte Feigen *(Ficus carica)*	Winterharte Feigen wie die Bayernfeige 'Violetta' überstehen Minusgrade bis -15 °C und tragen im Sommer reichlich Früchte.
Weiki oder „Bayern-Kiwi" *(Actinidia arguta)*	Eine kleinfruchtige, winterharte Kiwi (bis -30 °C), die sich auch in Kübeln kultivieren lässt. Die weiblichen Pflanzen benötigen Befruchtersorten mit männlichen Blüten.

Bild 23: Die Andenbeere (links) ist bei uns inzwischen ein weit verbreiteter Exot, ihre nahe Verwandte – die Lampionblume (rechts) – ist als Zierpflanze in Gärten zu finden.

Gärtnern inzwischen schon als „alte Hasen" unter den essbaren Exoten. Sie haben sich in unseren Gärten als beliebte Nutzpflanzen etablieren können. Eher unbekannt dagegen sind noch Exoten wie Kiwano, Pepino oder Tomatillo. Diese kennt man allenfalls aus gut sortierten Feinkostabteilungen, wo sie zu hohen Preisen angeboten werden.

Mit etwas Geschick und gutem Willen kann man diese Gewächse jedoch auch in unseren Breiten zum Fruchten bringen. Ab Mitte/Ende Mai, wenn es warm genug ist, können die meisten ins Freiland gepflanzt werden. Zu den bei uns kultivierbaren Exoten (siehe Tabelle) gehören vorrangig obstartige Kulturen.

Bild 24: Winterharte Feigen überstehen auch kalte Winter sehr gut.

Ein sonniges Plätzchen

Oberste Regel für den Anbau von Exoten ist: Warm und sonnig muss es sein. Daher sind für den Anbau dieser Kulturen besonders milde Regionen Deutschlands geeignet. Doch auch in den kühleren Gegenden kann man im Garten ein sonniges und windgeschütztes Eckchen schaffen, wo diese Pflanzen gedeihen. Ideal für wärmeliebende Pflanzen sind auch sonnige Balkone und Terrassen, wenn sie einigermaßen Schutz vor übermäßigem Wind und Regen bieten. Da es sich bei vielen der Exoten um Kletterer handelt, ist zudem für eine geeignete Kletterhilfe zu sorgen.

Jedes Jahr aufs Neue

Obwohl einige der fremdländischen Gewächse in ihrer Heimat mehrjährig sind, können sie bei uns aufgrund des kalten Winters meist nur einjährig kultiviert werden. Die wenigen Ausnahmen, für die das nicht gilt, sind beispielsweise Kiwi oder Feige, die durch züchterische Maßnahmen den hiesigen Bedingungen angepasst wurden.

Juni

Der Sommer zieht ins Land

Jetzt, wo es bei Wärme und Sonnenschein für die meisten Kulturen im Garten erst so richtig losgeht, ist für Spargel und Rhabarber Ende Juni schon alles vorbei. Die letzten Stangen werden um den Johannistag (24. Juni) geerntet.

Im Juni ist bereits ein Großteil der Gemüsekulturen wie Erbsen, Kopfsalate, Kohlrabi, Bundzwiebeln, früher Spitzkohl und frühe Karotten erntereif. Die durch die Ernte frei gewordenen Stellen sind möglichst schnell wieder mit neuen Jungpflanzen oder Gründüngung zu bepflanzen, um unnötigen Wasserverlust und Verunkrautung zu vermeiden. Wo bisher auf Grund der kalten Witterung zum Beispiel Tomaten, Gurken oder Paprika nicht gepflanzt wurden, kann dies Anfang Juni noch nachgeholt werden. Einen Überblick darüber, was noch alles ins Freiland gepflanzt beziehungsweise gesät werden kann, gibt die unten stehende Tabelle.

In milderen Regionen, in denen schon früher gepflanzt werden konnte, ist es jetzt an der Zeit, bei Tomatenpflanzen mit dem Ausgeizen – das heißt dem Entfernen der Achseltriebe – und dem Aufleiten zu beginnen. Letzteres gilt auch für Salatgurken. Neben allgemeinen Arbeiten wie dem Unkrautjäten und Wässern ist es nun auch besonders wichtig, regelmäßig Schädlings- und Krankheitskontrollen im Obst- und

Bild 25: Der Juni ist der Erdbeermonat. Gepflückt werden sollten nur reife Erdbeeren, da die Früchte nicht nachreifen.

Dies kann im Juni gesät oder gepflanzt werden:	
Direktsaat ins Freiland	Gemüse-Amaranth, Buschbohnen, Stangenbohnen, Dicke Bohnen, Zuckererbsen, Erdbeerspinat, Gemüsefenchel, Karotten, Radieschen, Rettich (Sommer-, Winter-), Rote Bete, Steckrübe, Zwiebel (Bund-), Blattsalate (Eichblatt, Kraussalat, Lollo), Eissalat, Salatgurke, Kopfsalat, Radicchio, Rauke, Romana-Salat, Zuckerhut, Dill, Kapuzinerkresse, Kerbel, Kresse, Pimpinelle, Salbei, Thymian
Pflanzung ins Freiland	Artischocke, Gemüsefenchel, Blumenkohl (Sommer-), Blumenkohl (Herbst-), Brokkoli, Grünkohl, Kohlrabi, Spitzkohl (Sommer-), Rosenkohl, Rot-/Weißkohl (Lager-), Wirsing (Herbst-, später), Kürbis, Paprika, Porree (Herbst-), Tomaten, Zucchini, Zwiebel (Bund-), Chinakohl, Blattsalate (Eichblatt, Kraussalat, Lollo), Eissalat, Endivie (Sommer-), Kopfsalat, Romana-Salat, Basilikum, Bohnenkraut, Meerrettich, Zitronenmelisse, Oregano, Rosmarin, Salbei, Schnittsellerie, Kiwi
Jungpflanzenanzucht	Freiland: Blumenkohl (Herbst-), Blumenkohl(Winter-), Gemüsefenchel, Brokkoli, Grünkohl, Kohlrabi, Spitzkohl (Sommer-), Chinakohl, Blattsalate (Eichblatt, Kraussalat, Lollo), Eissalat, Endivie (Sommer-, Herbst-), Kopfsalat, Romana-Salat

Gemüsegarten durchzuführen und bei Befall geeignete Maßnahmen einzuleiten.

Im Obstgarten können Anfang Juni die ersten Erdbeeren und gegen Ende Juni bereits die ersten Johannisbeeren und Stachelbeeren geerntet werden. Stachelbeeren zum Einmachen werden schon etwas früher im unreifen Stadium geerntet.

Für die Ernte von Erdbeeren noch ein Tipp: Damit die Früchte länger haltbar bleiben, sollten sie möglichst morgens und bei Trockenheit geerntet werden. Gepflückt werden nur die reifen Früchte, denn nur diese entwickeln das volle Aroma.

Spezielles im Juni

Viele Blüten aus dem heimischen Garten sind essbar

Gladiolen, Chrysanthemen und Nelkenblüten auf dem Tellerrand oder auf dem Salat? So mancher denkt dabei wahrscheinlich lediglich an Dekoration. Doch das stimmt nur teilweise. Denn viele der bunten Blüten in unserem Garten sind nicht nur hübsch anzusehen, sondern auch wahre Gaumenfreuden. Bekannt ist vielleicht, dass die Blüten vieler kultivierter Gartenkräuter wie Kapuzinerkresse, Majoran und Thymian oder Gemüsepflanzen wie Kürbis und Zucchini essbar sind. Was viele aber nicht wissen: auch die Blüten vieler, oft nur als Zier- oder Wildblumen bekannter Pflanzen wie zum Beispiel Nelken, Veilchen, Begonien, Rosen oder Astern sind genießbare Köstlichkeiten.

Salaten kann man eine völlig neue Note verleihen indem man sie mit scharfen Kapuzinerkresseblüten oder mit nussig schmeckenden Gänseblümchen garniert. Mit dem fruchtig-kräftigen Aroma von Indianernesselblüten kann man den einen oder anderen Obstsalat veredeln. Begonien, Dahlien oder Chrysanthemen eignen sich sehr gut als Blüteneinlage für Suppen. Zum Ausbacken verwendet man hingegen am besten Zucchini- oder Holunderblüten.

Bild 26: Ringelblumen sind nicht nur schön sondern auch essbar.

Vorsicht bei giftigen Blumen

Nicht alle Blüten sind zum Verzehr geeignet: Vorsicht vor giftigen Blumen wie zum Beispiel Akelei, Christrose, Maiglöckchen oder Roter Fingerhut. Bevor man also eine Blüte in der Küche verwendet, sollte man sicher sein, dass es sich um eine genießbare Art handelt. Vor dem Verzehr sollte auch geprüft werden, ob die Pflanzen mit Chemikalien (z. B. Pflanzenschutzmitteln) behandelt wurden. Vorsichtig sein sollte man bei Zierpflanzen aus dem Handel, da diese zum Teil behandelt sind. Wer die Pflanzen dagegen im eigenen Garten aufzieht, kann sicher sein, dass die Blütenpracht ungespritzt gedeiht.

Bild 27: Die Blüten des Weißklees sind genießbar.

Ernte und Aufbereitung

Bei essbaren Blüten ist der richtige Erntezeitpunkt von entscheidender Bedeutung, denn verblühte Blumen haben nur noch wenig Aroma. Man sollte die jungen Blüten daher erst kurz vor dem Gebrauch pflücken, da sie schnell welken. Für die meisten Arten ist der Vormittag der beste Zeitpunkt für die Ernte, wenn sich die Blüten gerade geöffnet haben. In einer Schale mit kaltem Wasser lassen sich die Blüten dann bei Bedarf für einige Stunden frisch halten.

Stiele und grüne Kelchblätter sollte man vor der Verwendung entfernen. Da bei manchen Arten wie Rosen, Nelken oder Chrysanthemen nur die Blütenblätter essbar sind, sollten bei diesen möglichst auch die Staubgefäße und der Stempel beseitigt werden. Um die Blüten von Schmutz und versteckten Insekten zu befreien, empfiehlt es sich, sie unter kaltem Wasser zu reinigen.

Bild 28: Die Blüten des Borretsch sind essbar und dekorativ.

Die bekanntesten Arten mit essbaren Blüten:	
Aster	Nelke
Begonie	Primel
Borretsch	Ringelblume
Dahlie	Rosen
Dill	Speise-Chrysantheme
Duftgeranie	Salbei
Gänseblümchen	Schafgarbe
Gladiole	Schnittlauch
Holunder	Spitzwegerich
Indiandernessel	Stiefmütterchen
Kapuzinerkresse	Taglilie
Klee	Taubnessel
Kürbis	Thymian
Lavendel	Veilchen
Löwenzahn	Ysop
Majoran	Zucchini

Blattläuse & Co.

Jedes Jahr aufs Neue schädigen zahlreiche Insekten oder Schnecken das Obst und Gemüse im heimischen Garten. Auch diverse Schadpilze, Bakterien und Viren können zum Verlust des geliebten Grüns führen. Selbst dem besonnenen Hobbygärtner kann schon mal der Kragen platzen, wenn er anstelle eines üppigen Salatkopfes nur noch einen abgefressenen Strunk vorfindet. Wer sich allerdings mit dem Thema etwas intensiver beschäftigt, findet Mittel und Wege, sein Gemüse wirksam zu schützen – und diese müssen nicht immer chemisch sein.

Bild 29: Blattläuse können beträchtlichen Schaden im Garten anrichten.

Bild 30: Mischkultur reduziert den Befall durch Schädlinge und Krankheiten.

Ertrag ist nicht alles

Im Gegensatz zum Erwerbsgärtner, der von den Erträgen der Kulturen sein Einkommen bestreiten muss, lässt es sich im Privatgarten oft viel leichter mit Schädlingen leben. Höchsterträge sind nicht unbedingt notwendig und Abstriche an der äußeren Qualität von Gemüse und Obst können meist auch hingenommen werden. In erster Linie geht es um die Freude am Gärtnern. Bevor also zur „chemischen Keule" gegriffen wird, sollte man erst einmal prüfen, ob es nicht andere Wege gibt.

Vorbeugen ist besser als Heilen

Dieses Prinzip gilt nicht nur für den Menschen, sondern auch für Pflanzen. Denn wer nutzbringende Tiere wie Igel, Vögel oder Nutzinsekten im Garten fördert oder schonende Kulturtechniken wie Mischkultur anwendet, hat letztlich viel weniger Schädlinge im Garten, die er bekämpfen muss. Um den Schädlingsdruck im Garten von vorneherein niedrig zu halten, hilft auch so manche einfache, aber wirksame technische Maßnahme. So lassen sich beispielsweise Wühlmäuse mit Drahtgeflechten von ihrer Fraßtätigkeit abhalten. Gegen Frostspanner helfen einfache Leimringe zum richtigen Zeitpunkt: Ab Mitte September sollten diese eng anliegend an die Stämme von Obstbäumen

Bild 31: Ein Tontopf wie dieser dient Nützlingen als Unterschlupf.

angebracht werden, da im Herbst die flugunfähigen Weibchen des Frostspanners an den Stämmen hinaufklettern, um ihre Eier abzulegen. Im März sollten die Leimringe entfernt und vernichtet werden.

In naturnahen Gärten kommen häufig alte Hausmittel wie Kräuterzubereitungen aus Schachtelhalm oder Rainfarn, aber auch moderne Pflanzenstärkungsmittel zum Einsatz. Sie erhöhen die Widerstandskraft der Kulturpflanzen und schützen sie damit vor einer Schädigung durch Insekten oder Pilze. Neben den indirekt wirkenden Substanzen hält die Natur aber auch Stoffe mit direkter Wirkung auf Insekten – wie zum Beispiel Azadirachtin (aus dem Neembaum) oder Pyrethrum (aus Chrysanthemen) – bereit. Auch der Einsatz räuberischer oder parasitärer Nutzinsekten gegen Schädlinge ist heute im Erwerbsgartenbau wie im Freizeitgarten eine etablierte Methode der Schädlingsbekämpfung.

Chemischer Pflanzenschutz als letzte Lösung

Chemie sollte im Kleingarten immer erst dann zum Einsatz kommen, wenn alle anderen Methoden versagen. Für den Hobbygarten kommen nur solche Pflanzenschutzmittel in Frage, die mit der Kennzeichnung „Anwendung im Haus- und Kleingartenbereich zulässig" versehen sind. Diese Reglementierung durch den Gesetzgeber dient dem Schutz von Natur und Anwender. Pflanzenschutzmittel für den Haus- und Kleingartenbereich sind im Gartenfachhandel erhältlich, wo man sich durch fachkundiges Personal beraten lassen kann.

Der Schuldige ist nicht immer der Schädling

Nicht selten werden Pflanzenschäden auch durch Nährstoffmangel oder ungünstige Boden- oder Witterungsverhältnisse verursacht. Manchmal ist auch das Wetter verantwortlich für Pflanzenschäden. So können extreme tägliche Temperaturunterschiede von beispielsweise über 25 °C am Tag auf unter 5 °C in der Nacht bei vielen Bäumen und Sträuchern zu Schäden führen. Hinter den dadurch verbräunten Blattspitzen und Blatträndern vermutet dann so mancher Gärtner einen unbekannten Schädling oder eine Pilzerkrankung. Ebenso verursachen stürmische Winde Pflanzenschäden durch Abknicken und Verdorren zahlreicher junger Triebe und Blätter, und auch Hagelschäden können beträchtlich sein.

Bild 32: Marienkäferlarven können gezielt zur Vertilgung von Blattläusen eingesetzt werden.

Im Zweifel fachmännischen Rat einholen

Wer nicht sicher ist, um welche Krankheit oder um welchen Schädling es sich auf seinen Pflanzen handelt, kann sich an die Beratungsstellen der Pflanzenschutzdienste sowie Gartenakademien der Länder wenden (siehe S. 90). Diese Institutionen halten zahlreiche Informationen zum Pflanzenschutz auf ihren Internetseiten bereit. Bei Bedarf kann man sich dort auch telefonisch beraten lassen oder Pflanzenproben einschicken, die dann von Fachleuten untersucht werden.

Jetzt an das Wintergemüse denken

Bei 30 Grad im Schatten kommt dem Hobbygärtner so allerhand in den Sinn – nur nicht gerade der Gedanke an „Wintergemüse“. Doch wer sich im Winter mit vitaminreichem Gemüse aus dem eigenen Garten versorgen möchte, muss jetzt schon tätig werden.

Was ist Wintergemüse?

Der Begriff Wintergemüse ist schon etwas veraltet. Er umfasst alle Gemüsearten, die das Winterhalbjahr über – also von Oktober bis März – hierzulande geerntet werden können. Einige dieser so genannten Wintergemüse gibt es heute allerdings das ganze Jahr über im Angebot, so dass der Begriff etwas irreführend ist. Auch die Übergänge zum Herbstgemüse sind oft fließend. Daher werden Letztere häufig auch noch mit zum Wintergemüse gezählt. Eines ist allen Wintergemüsearten gemein: Kälte vertragen sie gut. Manche Wintergemüsearten wie Porree, Feldsalat oder Wirsing sind so hart im Nehmen, dass ihnen selbst Frost nichts ausmacht. Einige wenige benötigen sogar Frost, um

Bild 33: Dem Grünkohl können Minusgrade nichts anhaben.

Bild 34: Feldsalat ist ein vitaminreicher Wintersalat.

ihre volle Geschmacksvielfalt auszubilden – so zum Beispiel Grünkohl, Pastinake, Rosenkohl und Steckrübe. Doch nicht alle Wintergemüse sind frosthart. Wer Chinakohl oder Rote Bete bei Frost zu lange im Boden lässt, wird nicht viel davon haben. Auskunft über die Frosthärte, Aussaat- beziehungsweise Pflanzzeiten sowie Erntezeiten von Wintergemüse sind in der nebenstehenden Tabelle zu finden.

Gut lagerfähig

Im Gegensatz zu Frühlings- oder Sommergemüse lässt sich Wintergemüse über mehrere Wochen oder Monate einlagern, vor allem die Wurzel- und Knollengemüse mit ihren unterirdischen Organen. Deren äußere Schicht ist meist sehr robust, wodurch das Gemüse gut geschützt ist gegen schädliche Einwirkungen von außen und Wasserverlust.

Zur Lagerung für das winterliche Gemüse bietet sich eine mit feuchtem Sand gefüllte Erdmiete oder Kiste an. Gute Aufbewahrungsorte sind aber auch kühle frostfreie Keller oder Garagen. Manche Gemüsearten wie zum Beispiel Pastinaken oder Topinambur lassen sich auch problemlos überwintern, indem man sie einfach an Ort und Stelle im Boden belässt.

Typische Vertreter des Wintergemüses			
Gemüseart	**Pflanzen oder Säen?**	**Aussaatzeit/Pflanzzeit**	**Erntezeit**
		A. = Anfang, M. = Mitte, E. = Ende	
frosthart			
Wirsing (später)	Pflanzen	M. Juni – E. Juli	A. November – M. März
Winterporree	Pflanzen	A. Juli – A. August	A. Januar – Mai
Topinambur	Pflanzen	März/April o. Oktober/ November	September – März
Feldsalat	Säen	E. Juli – A. September	A. November – März
Schwarzwurzel	Säen	März/April o. August	Oktober – März
Knollenziest	Pflanzen	März o. April	Oktober – Januar
Zuckerwurzel	Säen	August/September o. März/ April	November – März
Steckrübe	Säen	Juni	September – E. November
Grünkohl	Pflanzen	Juni – Juli	Ab Oktober
Pastinak	Säen	A. März – E. Mai	E. September – E. März
Rosenkohl	Pflanzen	M. Mai – E. Juni	November – Dezember
Wurzelpetersilie	Säen	März – April	September – April
bedingt frosthart*			
Weißkohl, Rotkohl (Winterformen)	Pflanzen	E. Mai – E. Juni	Oktober – November
Karotten (späte)	Säen	A. Mai – A. Juli	Oktober – Dezember
Endivie	Säen	M. Juni – M. Juli	September – Dezember
Chinakohl	Säen	M. Juni – M. August	2-3 Mon. nach Saat
Rote Bete	Säen	M. Mai. - E. Juni	August – November
Haferwurzel	Säen	März - Mai	A. Oktober – E. März
Postelein	Säen	E. August – A. September	bis November; ab März
Radicchio	Säen	Juni - Juli	Herbst o. Frühjahr
Winterrettich	Säen	M. Juli – A. August	Oktober – Dezember
Knollensellerie	Pflanzen	E. Mai – A. Juni	E. Oktober – A. November

* Ernten, bevor stärkere Fröste auftreten.

Juli

Vom Garten auf den Teller – der Juli bietet viel Frisches

Im Juli wächst und sprießt es im Garten. Allerdings bedeutet das auch viel Arbeit. Vor allem das Unkraut nimmt viel Zeit in Anspruch: Nun liegt ganz klar im Vorteil, wer schon im zeitigen Frühjahr damit begonnen hat, Unkraut zu jäten und zu mulchen. Eine Mulchdecke verhindert außerdem das Austrocknen des Bodens in den trockenen Sommermonaten, was vor allem feuchteliebende Arten wie Gurken, Tomaten und Zucchini zu schätzen wissen.

Jetzt im Juli wird es Zeit für die Aussaat von Herbstgemüse wie Chinakohl, Fenchel oder Winterendivie. Sind dafür gerade keine Beete frei, empfiehlt es sich, diese Kulturen in Töpfen vorzuziehen und zu einem späteren Zeitpunkt ins Freiland zu pflanzen. Was im Juli noch alles gesät beziehungsweise gepflanzt werden kann, kann der unten stehenden Tabelle entnommen werden.

Bild 35: Juli ist Johannisbeerzeit.

Kräuter, bei denen das Blatt verwendet wird – wie zum Beispiel Basilikum, Majoran, Thymian, Bohnenkraut, Rosmarin oder Salbei – sollten prinzipiell (kurz) vor der Blüte geerntet werden, da dann das Aroma am intensivsten ist. Für die Ernte der Fruchtgemüse wie Tomaten, Gurken oder Bohnen gilt: Wer frühzeitig und regelmäßig pflückt, erhält höhere Ernteerträge, da das Pflücken die Fruchtbildung anregt. Es empfiehlt sich daher, auch überreife und kranke Früchte abzupflücken.

Dies kann im Juli gesät oder gepflanzt werden:	
Direktsaat ins Freiland	Gemüse-Amaranth, Buschbohnen, Stangenbohnen, Dicke Bohnen, Gemüsefenchel, Karotten, Radieschen, Rettich (Winter-), Rote Beete, Chinakohl, Blattsalate (Eichblatt, Kraussalat, Lollo), Eissalat, Feldsalat, Kopfsalat, Radicchio, Rauke, Romana-Salat, Zuckerhut, Dill, Kerbel, Kresse, Pimpinelle, Salbei, Thymian
Pflanzung ins Freiland	Artischocke, Gemüsefenchel (schossfeste Sorten), Blumenkohl (Herbst-), Brokkoli, Grünkohl, Kohlrabi, Spitzkohl (Sommer-), Wirsing (später), Porree (Winter-), Steckrübe, Zwiebel (Bund-), Chinakohl, Blattsalate (Eichblatt, Kraussalat, Lollo), Eissalat, Endivie (Sommer-, Herbst-), Kopfsalat, Romana-Salat, Basilikum, Meerrettich, Zitronenmelisse, Rosmarin, Salbei, Schnittsellerie, Erdbeeren, Himbeeren (Herbst-, Sommer-)
Jungpflanzenanzucht	Freiland: Blumenkohl (Herbst-, Winter-), Brokkoli, Chinakohl, Blattsalate (Eichblatt, Kraussalat, Lollo), Eissalat, Endivie (Herbst-), Kopfsalat, Romana-Salat

Im Obstgarten stehen schon die ersten Schnittarbeiten an: Nach der Ernte der Sommerhimbeeren können die alten abgetragenen Ruten und die schwachen Jungtriebe bodennah abgeschnitten werden. Sobald die letzen Erdbeeren geerntet sind, empfiehlt es sich, das alte Laub zurückzuschneiden und die Pflanzen zu düngen. Außerdem ist Ende Juli die beste Zeit zum Pflanzen neuer Erdbeeren. Für das Steinobst ist nach der Ernte ein günstiger Zeitpunkt für Pflegeschnitte. Auch am Kernobst kann man jetzt einen Sommerschnitt vornehmen.

Spezielles im Juli

Sommer, Sonne, Bewässerung

Spätestens jetzt im Juli, wenn einem die sommerliche Sonne das letzte Tröpfchen Wasser aus dem Boden saugt, muss wieder mit der Bewässerung der Pflanzenpracht begonnen werden. Doch wie bewässert man richtig? Wie viel, wann und wie oft sind Fragen, die man in diesen Tagen häufig von Hobbygärtnern hört. Im Folgenden daher ein paar praktische Tipps, wie man die Pflanzen am besten über einen trockenen und heißen Sommer bringt.

Bild 36: Seltener, dafür aber ausgiebig wässern.

Weniger oft, dann aber richtig!

Gartenpflanzen müssen nicht täglich gegossen werden. Man kann zwischen den Gießeinheiten ruhig ein paar Tage vergehen lassen. Dies tut einerseits dem Geldbeutel gut und hat zudem noch den positiven Effekt, dass das Wurzelwachstum der Pflanzen angeregt wird. Denn so müssen sich die Wurzeln auf der Suche nach Wasser ihren Weg in die Tiefe bahnen. Vorausgesetzt natürlich, dass genügend Wasser in die Tiefe dringt. Der Boden sollte nach dem Gießen mindestens zehn Zentimeter tief durchfeuchtet sein. Ein erneutes Gießen wird dann erst wieder erforderlich, wenn die obersten vier Zentimeter des Bodens trocken sind. Eine Ausnahme von dieser Regel gilt für alles, was frisch gekeimt ist oder gepflanzt wurde. Hier ist häufigeres Wässern nötig!

Morgens oder abends?

Nach Möglichkeit sollte nicht bei vollem Sonnenschein gegossen werden, da dann zuviel Wasser verdunstet und zudem die Blätter geschädigt werden können. Am besten ist es, morgens zu gießen. Gießt man abends, trocknen die Pflanzen nicht so schnell, was zur Folge hat, dass einerseits Schnecken angelockt werden und andererseits Pilze besser angreifen können.

Individuelle Bewässerung

Es macht Sinn, die Pflanzen einzeln mit der Gießkanne zu wässern anstatt mit dem Sprenger. Dies erfordert zwar etwas mehr Zeit, hat in der Regel aber den Vorteil, dass man dem individuellen Wasserverbrauch der einzelnen Pflanzenarten gerecht wird. In der Regel benötigt die Pflanze besonders viel Wasser während der Jugendphase und kurz vor der Abreife. So hat zum Beispiel die Bohne beim Übergang von der Blüte zur Hülse einen besonders hohen Wasserbedarf. Salat und Brokkoli mögen den Extraschluck Wasser, bevor sie ihren „Kopf“ schließen.

Bild 37: Regelmäßiges Hacken hilft Wasser sparen.

Wie man Wasser sparen kann

- Mit Regenrinne und -tonne möglichst viel Regenwasser sammeln.
- Durch das Mulchen (Bedeckung des Bodens mit organischem Material) wird die Verdunstung aus der Bodenoberfläche derart verringert, dass sich bis zu 40 Prozent Gießwasser einsparen lassen.
- Hacken: Wer nach dem Regen oder Gießen die oberste Bodenschicht hackt, vermindert damit den Aufwärtsdrang des Wassers, wodurch weniger Wasser verdunstet.

Wenn der Gärtner schläft, pflanzt der Teufel Unkraut…

„Wenn der Gärtner schläft, pflanzt der Teufel Unkraut“, besagt schon eine von vielen alten Weisheiten. Und diese gibt es nicht ohne Grund. Denn schon seit Jahrtausenden plagen sich Gärtner mit der unerwünschten Begleitflora herum. Ein gewisser Grad an Verunkrautung im Gemüsegarten sollte aus ökologischen Gründen toleriert werden. Doch häufig werden Unkräuter schnell zu Konkurrenten von Gemüse- und Obstkulturen und können zu erheblichen Ertragseinbußen führen.

Warum Unkraut beseitigen?

Unkräuter beanspruchen für ihr Wachstum Licht, Nährstoffe und Wasser, so dass sie in direkter Konkurrenz zu den Kulturpflanzen stehen. Hinzu kommt, dass stark verunkrautete Pflanzenbestände langsamer abtrocknen und daher anfälliger für Pilzerkrankungen sind. Außerdem übertragen manche Unkräuter als Wirtspflanzen bestimmte Schädlinge und Pflanzenkrankheiten auf die Kulturpflanzen. Als störend wird Unkraut meist auch bei der Ernte von kleinem oder losem Erntegut wie beispielsweise Rauke oder Feldsalat empfunden.

Bild 38: Disteln gehören zu den unbeliebten Unkräutern im Garten.

Was tun gegen das wilde Beikraut?

„Schöne Blumen wachsen langsam, nur das Unkraut hat es eilig.“ Das wusste bereits William Shakespeare. Nicht zuletzt aus diesem Grund ist es prinzipiell von Vorteil, den Kulturpflanzen einen gewissen Wachstumsvorsprung gegenüber dem Unkraut zu verschaffen. Dies erreicht man meist schon sehr gut durch vorbeugende Maßnahmen. Leider wird damit jedoch nicht alles Unkraut vermieden, so dass man nicht umhinkommt, auch aktiv Hand anzulegen.

Vorbeugende Maßnahmen gegen Unkraut im Gemüsebeet

- Aussaat bzw. Pflanzung in Reihen macht das Hacken leichter.
- Pflanzen statt Direktsaat
- Manche Unkräuter treten als typische „Begleitkräuter" zusammen mit Kulturpflanzen auf. Werden diese oft hintereinander an der gleichen Stelle angebaut, vermehren sich auch die Begleitunkräuter sehr stark. Eine abwechslungsreiche Fruchtfolge hilft, dem vorzubeugen.
- Abwechselnder Anbau von unkrautfördernden Kulturen wie Zwiebeln, Karotten (langsames Wachstum, schlechte Bodenbedeckung) und unkrautunterdrückenden Kulturen wie Kartoffeln, Kürbis (schnelles Wachstum, gute und frühe Bodenbedeckung).
- Tiefe, wendende Bodenbearbeitung vermeiden, da dadurch Samen aus tieferen Bodenschichten nach oben befördert und zum Keimen angeregt werden.
- Mulchen, also das Abdecken der Bodenoberfläche mit Folie oder organischem Material, unterdrückt Samenunkräuter.
- Mischkulturen vermindern das Unkrautwachstum, da sie den Boden dichter bedecken.
- Wurzeln von ausdauernden Wurzelunkräutern (z. B. Disteln, Quecke, Giersch) nicht über den Kompost entsorgen.
- Samenunkräuter möglichst vor der Blüte – und damit vor der Samenbildung – jäten und kompostieren.
- Unkraut, das schnell wieder wurzelt (z. B. Brennnessel, Vogelmiere), bei trockenem Wetter jäten bzw. hacken.
- Kompost umsetzen. Dadurch werden die Unkrautsamen zum Keimen angeregt, gleichzeitig steigt aber die Temperatur im Komposthaufen. Dies führt zum Absterben der Samen und Keimlinge.

BLE / Thomas Stephan

Bild 39: Die Radhacke ist ein bequeme Lösung zum Unkraut hacken.

Unkraut hacken – auf das richtige Gerät kommt es an

Sobald man erkennen kann, ob es sich um eine Kulturpflanze oder Unkraut handelt – am besten schon im Keimblattstadium – sollte mit der Unkrautbeseitigung begonnen werden. Die besten Erfolge erzielt man mit der Hacke. Beim Hacken wird das Unkraut kurz unterhalb der Bodenoberfläche abgeschnitten. Wichtig ist, dass die Hacke scharf ist, damit das Unkraut auch wirklich geschnitten wird. Gehackt werden sollte möglichst bei trockenem und sonnigem Wetter, denn dann welkt das Unkraut schneller.

Für den Hausgarten werden verschiedene Arten von Hacken angeboten. Zum einen gibt es Geräte, bei denen man die Klinge ziehend durch den Boden bewegt: die „normale" Hacke und die Pendelhacke – hier pendelt die Klinge frei an einem Gelenk. Ein Vorteil der herkömmlichen Hacke ist, dass beim Hacken noch etwas Erde mitbewegt wird, unter der das Unkraut in den Reihen begraben wird. Bei der so genannten

Schuffel schiebt man hingegen die Klinge durch den Boden. Dieses Gerät ist besonders rückenschonend, da man sich nicht bücken muss. Die bequemste, aber auch teurere Lösung stellt die Radhacke dar, bei der die Klinge hinter einem Rad hergeführt wird. Diese bietet sich vor allem für größere Gärten an.

Den Rest mit der Hand

Wenn zwischen den Reihen alles gehackt wurde, muss noch das übrig gebliebene Unkraut in der Reihe entfernt werden. Dies macht man entweder mit der Hand oder mit Hilfsmitteln wie Messern, Handhacken oder Fugenkratzern. Kleine Unkrautpflanzen werden am besten samt Wurzel aus dem Boden gezogen. Größere Unkräuter, die nah an den Kulturpflanzen stehen, schneidet man besser, da ein Herausziehen der Kulturpflanze schaden könnte.

Nicht alles Unkraut entfernen

Unkräuter erfüllen eine wichtige Funktion für das biologische Gleichgewicht in der Natur. Sie dienen zum Beispiel Nutzinsekten als Nahrungspflanzen und Lebensraum. Manche Schmetterlingsarten sind dabei auf ganz bestimmte Pflanzenarten angewiesen. Daher sollte die Unkrautbekämpfung im Garten auf das nötige Maß beschränkt werden. Hier und da ein paar Unkräuter verleihen dem Garten einen optischen Mehrwert. Darüber hinaus können Unkräuter auch praktisch genutzt werden. So kann man aus Brennnesseln oder Beinwell hochwertige Stickstoffdünger (Jauchen) herstellen. Andere Unkräuter finden Verwendung als Salat (Sauerampfer, Löwenzahn), als Zierpflanze (z. B. Ehrenpreis) oder zum Garnieren von Speisen (Gänseblümchen).

Bild 40: Jäten ist immer auch Handarbeit.

August

Der Gartensommer erreicht seinen Höhepunkt

Neben dem Ernten und Unkrautjäten ist vor allem das Wässern im heißen August eine wichtige Aufgabe. Besonders die wasserliebenden Kulturen wie Tomaten und Gurken aber auch Sellerie und Zucchini leiden unter der Trockenheit.

Im August kann noch die eine oder andere Kultur ausgesät oder gepflanzt werden. Welche dies sind, kann der unten stehenden Tabelle entnommen werden.

Auf den bereits abgeernteten Beeten empfiehlt es sich Gründüngungspflanzen wie Phacelia, Klee oder Roggen auszusäen. Diese bewahren den Boden vor dem Austrocknen und fördern zudem die Humusversorgung und damit die Struktur des Bodens. Geeignetes Saatgut für die Gründüngung bekommt man im Gartenfachhandel. Bei den Tomaten können zu Beginn des Monats die Spitzen des Haupttriebes oberhalb des letzten Blütenstandes eingekürzt werden, da die nun nachfolgenden Fruchtstände nicht mehr reif werden. Achseltriebe sollten weiterhin ausgegeizt werden. Wer große Kürbisse ernten möchte, der sollte die Anzahl der Früchte auf drei bis vier pro Pflanze beschränken: Dazu

Bild 41: Phacelia ist eine ausgezeichnete Gründüngungspflanze.

werden die überflüssigen Ranken auf zwei Blätter eingekürzt.

Abgetragenes Beerenobst (z. B. Johannis-, Stachel- oder Himbeeren) kann am besten jetzt schon zurück geschnitten bzw. ausgelichtet werden. Der Vorteil: Jetzt im belaubten Zustand kann man besser sehen, wo die Pflanzen zu dicht wachsen. Auch an Kernobst und Steinobst kann jetzt noch ein Sommerschnitt vorgenommen werden. An Kernobst werden dabei die steil nach oben wachsenden „Wasserreiser", sofern sie nicht für den Kronenaufbau benö-

Dies kann im August gesät oder gepflanzt werden:	
Direktsaat ins Freiland	Radieschen, Rettich (Winter-), Schwarzwurzeln, Spinat (Herbst-), Zuckerwurzel, Chinakohl, Feldsalat, Postelein, Rauke, Dill, Kümmel, Pimpinelle, Sauerampfer, Schnittlauch, Thymian
Pflanzung ins Freiland	Blumenkohl (Winter-), Brokkoli, Grünkohl, Chinakohl, Blattsalate (Eichblatt, Kraussalat, Lollo), Eissalat, Endivie (Herbst-), Kopfsalat, Romana-Salat, Kresse, Zitronenmelisse, Salbei, Sauerampfer, Waldmeister, Erdbeeren, Himbeeren (Herbst-, Sommer-)

tigt werden, entfernt. Diese Triebe kosten den Baum nur unnötige Kraft und rauben den reifenden Früchten das Licht. Die Wasserreiser sollten nicht geschnitten sondern gerissen werden, damit auch die an der Basis befindlichen „schlafenden Augen“ mit entfernt werden. Diese würden ansonsten im Frühjahr vermehrt austreiben.

Spezielles im August

Gemüseernte – morgens oder abends?

Wann ist die beste Tageszeit für die Gemüseernte? Diese Frage, die sich so mancher Hobbygärtner jetzt zur Haupterntezeit stellt, ist nicht ganz unberechtigt.

Würde man einen professionellen Gärtner fragen, wann er sein Gemüse erntet, würde er antworten: morgens. Mit gutem Grund, denn die Pflanzen verlieren über die Verdunstung – vor allem an heißen Sommertagen – so einiges an Wasser. Dadurch nimmt der Druck des Zellsaftes (Turgor) in den Pflanzenzellen ab, wodurch das Gemüse weicher und damit schlechter haltbar wird.

Bild 42: Morgens ist der Salat noch besonders knackig.

Andererseits gibt es das Argument, manche Gemüsearten, wie Spinat oder Salat, wegen der Nitratbelastung besser nachmittags oder abends zu ernten. Auch dies hat seine Berechtigung und erklärt sich wie folgt: Nitrat ist ein wichtiger Nährstoff, den die Pflanze zur Eiweißbildung benötigt. Für diesen Vorgang braucht die Pflanze jedoch Licht. Am Morgen ist noch reichlich Nitrat in der Pflanze vorhanden, da sie auch nachts Nitrat aufgenommen hat, es wird aber im Laufe des Tages abgebaut. Bei Ernten am Nachmittag oder Abend hat das Licht des ganzen Tages beim Nitratabbau geholfen. Auch der teilweise höhere Nitratgehalt in Herbst- und Wintergemüse oder bei Gewächshausgemüse ist auf diesen Vorgang zurückzuführen.

Für den richtigen Erntezeitpunkt folgende Tipps:

- Wird das Gemüse kurz vor dem Verzehr geerntet, ist es – auch an heißen Tagen – nicht so schlimm, wenn man es erst mittags oder nachmittags aus dem Garten holt. Will man das Gemüse jedoch einige Tage lagern, empfiehlt es sich, morgens zu ernten, wenn das Gemüse noch prall ist.
- Blattgemüse wie Kopfsalate sind nach einem Tag intensiver Sonneneinstrahlung meist sehr schlaff und daher nicht mehr so appetitlich. Radieschen oder Rettich hingegen lassen sich auch nach einem heißen Tag abends ernten.
- Nur wenige Gemüsearten weisen hohe Nitratgehalte auf. Man sollte daher darauf achten besonders nitratreiche Gemüse (z. B. Rucola oder Spinat) nicht oder nur nach genauer Bodenanalyse zu düngen.

Es gibt gärtnerische Methoden, wie man den Nitratgehalt von Gemüse gering halten kann:

- Stickstoffdüngung nur in für den Ertrag notwendigem Maße. Eine Bodenprobe kann

Aufschluss darüber geben, wie hoch der Nitratgehalt in Ihrer Gartenerde ist.

- Möglichst viel Licht: Es hat sich gezeigt, dass die Nitratgehalte von Pflanzen, die unter Glas oder Folie angebaut wurden, gewöhnlich über denen von Freilandkulturen liegen.
- Vor der Ernte sollte die Düngung frühzeitig beendet werden.
- Wässern: Extreme Trockenheit führt zu höheren Nitratgehalten. Hohe Temperaturen und Lichtintensität fördern hingegen den Abbau von Nitrat in der Pflanze.

Bild 43: Nitratreiche Gemüse wie Rauke besser abends ernten.

Mineralstoff- und Vitamingehalt

Nach derzeitigem Wissensstand hat die Tageszeit keinen Einfluss auf den Mineralstoff- und Vitamingehalt des Gemüses. Der Mineralstoffgehalt bleibt, bezogen auf die Trockenmasse, während des Tages gleich, obwohl die Pflanze durch Verdunstung Wasser verliert. Gleiches gilt für die Vitamine. Vor allem Vitamin C ist sehr stabil, besonders in säurehaltigen Früchten. Für einen hohen Gehalt an Vitaminen und Mineralstoffen ist der richtige Reifezeitpunkt wichtiger als die Tageszeit.

Hübsch aber giftig – Giftpflanzen im Garten

Wer kennt sie nicht: Kirschlorbeer, Thuja oder Stechpalme. Pflanzen, die aus unseren Gärten kaum noch wegzudenken sind, denn sie sind praktisch, schön und in jedem Baumarkt zu bekommen. Was viele jedoch nicht wissen: Diese Pflanzen sind giftig.

Das Wissen über die Giftigkeit von Pflanzen – vor allem bei „Städtern" – beschränkt sich heutzutage leider auf wenige Arten, wie zum Beispiel Fingerhut oder Maiglöckchen. Dass aber auch beliebte Zierpflanzen wie Kirschlorbeer, Goldregen oder Pfaffenhütchen giftig sind, ist vielen unbekannt. Dieses Unwissen birgt die eigentliche Gefahr.

Bild 44: Der Fingerhut: schön und giftig zugleich

Welche Pflanzen in meinem Garten sind giftig?

Die Giftigkeit sollte jedoch kein Grund sein, die vielen schönen und nützlichen Pflanzen aus dem Garten zu verbannen. Wer sich gut informiert und gewisse Regeln im Umgang mit diesen Pflanzen einhält, für den besteht keine Gefahr. Heute gibt es eine ganze Reihe gut bebilderter Literatur zum Thema, anhand derer sich schnell und einfach bestimmen lässt, welche Pflanzen giftig sind. Auch im Internet finden sich viele empfehlenswerte Informationen (siehe S. 91). Sollte man eine Pflanze im Garten nicht selber bestimmen können, zieht man am Besten einen Fachmann, zum Beispiel den nächstgelegenen Gärtner, zu Rate.

Bild 45: Die giftigen Maiglöckchen werden manchmal mit dem Bärlauch verwechselt.

Kinder schützen

Vergiftungen durch Pflanzen verhindert man, indem man die Aufnahme und den Kontakt giftiger Pflanzenteile mit der Haut oder den Schleimhäuten vermeidet. Hat man stark giftige Pflanzen doch einmal angefasst, müssen die Hände gründlich gewaschen werden. Was für viele Erwachsene selbstverständlich ist, müssen Kinder jedoch erst noch lernen. Man sollte seinen Kindern daher schon früh genug beibringen, keine unbekannten Pflanzenteile oder Früchte in den Mund zu stecken. Dies ist meist wirkungsvoller, als alles Giftige aus dem Garten zu entfernen. Denn schon beim Nachbarn oder an der nächsten Bushaltestelle stehen die nächsten giftigen Pflanzen, die mit roten Beeren locken. Haben Kinder doch giftige Pflanzenteile verschluckt, sollten keine überstürzten Maßnahmen ergriffen werden. Erbrechen oder gar Salzwasser o. Ä. zu trinken, schadet meist mehr, als es hilft.

Wichtig ist dagegen:

- Reichlich zu trinken geben, aber keine milchhaltigen, fetthaltigen, salzhaltigen oder alkoholhaltigen Getränke.
- Arzt oder Giftinformationszentrum anrufen/aufsuchen.
- Pflanzenteile zur Bestimmung mitnehmen.

Ein Telefonverzeichnis der Giftinformationszentren findet sich im Anhang auf S. 91.

In vielen Fällen führen Verwechslungen zu Vergiftungsunfällen. So wird beispielsweise der essbare Bärlauch häufig mit der Herbst-Zeitlose oder dem Maiglöckchen – beide giftig – verwechselt. Sehr ähnlich sind sich auch der giftige Gemeine Schierling und genießbare Doldenblütler wie Kerbel, Anis oder Kümmel.

Hautreizungen durch Giftpflanzen

Nicht nur das Verschlucken giftiger Pflanzenteile kann gefährlich sein. In manchen Fällen kommt es schon über den bloßen Hautkontakt mit Pflanzenteilen zu Hautreizungen, zum Beispiel bei Bärenklau oder Engelwurz. Nicht jeder Mensch reagiert gleich auf solche Pflanzen. Empfindliche Menschen sollten solche Pflanzen jedoch besser aus dem Garten beseitigen oder

Häufig im Garten anzutreffende Giftpflanzen	
Giftigkeit	**Pflanzenname**
schwach giftig	Besenginster *(Cytisus scoparius)* Buchsbaum *(Buxus sempervirens)* Busch-Windröschen *(Anemone nemorosa)* Christrose *(Helleborus niger)* Hartriegel *(Cornus sanguinea)* Liguster, Gemeiner *(Ligustrum vulgare)* Rhododrendron-Arten *(Rhododrendron* spp.*)*
mittel giftig	Efeu *(Hedera helix)* Färberginster *(Genista tinctoria)* Fingerhut, Roter *(Digitalis purpurea)* Goldregen *(Laburnum anagyroides)* Kirschlorbeer *(Prunus laurocerasus)* Lebensbaum oder Hecken-Thuja *(Thuja occidentalis)* Maiglöckchen *(Convallaria majalis)* Pfaffenhütchen, Europäisches *(Euonymus europaeus)* Stechpalme *(Ilex aquifolium)* Wolfsmilch, Kreuzblättrige *(Euphorbia lathyris)*
stark giftig	Eibe *(Taxus baccata)* Eisenhut, Blauer *(Aconitum napellus)* Herbst-Zeitlose *(Colchicum autumnale)* Schierling, Gefleckter *(Conium maculatum)* Seidelbast, Gemeiner *(Daphne mezereum)*

den Kontakt meiden. Das gilt natürlich ganz besonders für den Fall, dass Kinder mit Hautreizungen reagieren.

Kartoffeln, Bohnen & Co.

Auch der Gemüsegarten ist nicht ganz frei von „Giftwarnungen", denn einige Gemüsearten können für den Menschen giftig sein, wenn man sie roh oder die falschen Teile verzehrt. So sind die Früchte (nicht die Knollen) von Kartoffeln giftig. Kartoffeln und Tomaten enthalten in den grünen Pflanzenteilen – auch in den grünen Früchten und Knollen – das giftige Solanin. Keinesfalls roh gegessen werden dürfen Bohnen. Sie enthalten ein spezielles Eiweiß, das Phasin, das beim Kochen zerstört wird. Es kann Erbrechen, Magenentzündungen und Durchfall auslösen.

Bild 46: Goldregen ist sehr giftig.

September

Der Sommer nimmt Abschied

Bild 47: Im September ist Erntezeit für Äpfel und Birnen.

So langsam neigt sich der Sommer dem Ende zu. Die Tage werden nun immer kürzer und die Nächte können auch schon mal empfindlich kalt werden. Daher sollten jetzt so langsam die wärmeliebenden Gemüse (z. B. Tomaten, Paprika, Gurken, Melonen) abgeerntet werden. Tomaten kann man sehr gut auf der Fensterbank nachreifen lassen und das weitere Erntegut wird einfach eingefroren oder eingemacht.

Kulturen mit kurzen Wachstumszeiten wie Radieschen, Kresse und Rauke können zur diesjährigen Ernte jetzt noch ausgesät werden. Um im nächsten Frühjahr frisches Gemüse von den Beeten ernten zu können, sollte man dafür bereits jetzt Feldsalat und Winterspinat ins Freiland säen. Ab Anfang September beginnt auch die Zeit, in der Kräuter geteilt und neu gepflanzt werden können: Diese Verjüngungskur gewährleistet, dass man im nächsten Jahr wieder reichlich frische Kräuter ernten kann.

Auf Beete, die nicht mehr für Gemüse oder Salat benötigt werden, kann man nun Gründüngung aussäen. Für die Aussaat im September eignet sich zum Beispiel *Phacelia*. Sie stirbt im Winter ab, aber ihre Reste müssen im Frühjahr in den Boden eingearbeitet werden. Senf und Ölrettich sollte man im Gemüsegarten nicht als Gründüngung verwenden, da sie der gleichen Pflanzenfamilie angehören wie Gemüsekohl und daher zu Fruchtfolgeproblemen führen können.

Ab jetzt kann Rhabarber vermehrt werden: Sobald die Blätter abgestorben sind, teilt man die Stauden mit einem Spaten in Teilstücke und pflanzt sie im Abstand von etwa 90 Zentimeter wieder ein.

Auch beim Obst gibt es im September noch so allerlei zu tun. Beispielsweise ist nun Ernte-zeit für Äpfel und Birnen. Auch Haselnüsse sind teilweise schon so weit: Gesammelt werden sollten nur die reifen Nüsse, die der Baum bereits abgeworfen hat. Nach der Ernte der Brombeeren können die abgetragenen Ruten zurückgeschnitten werden. An den Baumstämmen von Kernobst sollte man Leimringe anbringen, um sie vor Frostspannern zu schützen. Denn im Herbst beginnen die Weibchen des Frostspanners in die Baumkrone zu krabbeln, um dort ihre Eier

Dies kann im September gesät oder gepflanzt werden:	
Direktsaat ins Freiland	Ernte dieses Jahr: Postelein, Radieschen, Rauke, Rübstiel, Kresse Ernte nächstes Jahr: Feldsalat, Herbstspinat, Wintersalate, Zuckerwurzel Gründüngung: *Phacelia*
Pflanzung ins Freiland	Ernte dieses Jahr: Winterzwiebeln, Knoblauch Ernte nächstes Jahr: Bärlauch, Estragon (franz.), Liebstöckel, Zitronenmelisse, Pfefferminze, Salbei, Schnittlauch, Thymian, Waldmeister, Himbeeren (Herbst-, Sommer-)

abzulegen. Zudem sollte faules und von Schädlingen befallenes Fallobst aufgesammelt und entsorgt werden.

Spezielles im September

Tipps für die Kürbisernte

Jetzt kann man sie wieder überall in den Gärten bewundern: Kürbisse. In allen Farben und Formen ragen die „dicken Wonneproppen" aus dem üppigen Grün. Kürbisse sind leicht anzubauen und nicht zuletzt deswegen wieder sehr begehrt im Garten. Doch wie erntet man Kürbisse richtig?

Bild 48: Kürbis im Garten

Sommerkürbisse unreif ernten

Da die botanische Unterscheidung für den Haus- und Küchengebrauch nicht besonders zweckmäßig ist, hat man sich für andere Arten der Einteilung entschieden: Speise-, Zier-, Sommer- und Winterkürbisse. Für die Ernte ist jedoch vor allem die Unterteilung in Sommer- und Winterkürbisse von Bedeutung.

Zu den Sommerkürbissen zählen unter anderem Zucchini, Rondini und Pattisons, wovon hierzulande nur erstere besser bekannt sind. Sommerkürbisse sollten für den Gebrauch in der Küche unreif – das heißt in der Regel nach 45 bis 50 Tagen – geerntet werden, da sie dann am besten schmecken. Hier gilt also: je früher und kleiner, je besser.

Die Erntezeit für Sommerkürbisse beginnt meist im Frühsommer und zieht sich bis in den Herbst hinein. Bei der Ernte von Sommerkürbissen sollte man beachten, dass auch die nicht benötigten Früchte entfernt werden, da diese der Pflanze sonst die Kraft nehmen, neue Früchte zu bilden.

Winterkürbisse – bei richtiger Ernte monatelang haltbar

Winterkürbisse brauchen zur Reife hingegen mehr Zeit – etwa 90 bis 150 Tage – und Wärme und werden daher erst ab Frühherbst (Anfang September) geerntet, wenn sie voll ausgereift sind. Vor dem ersten Frost sollte man jedoch alle Früchte geerntet haben. Man sollte unbedingt Verletzungen und Druckstellen bei der Ernte vermeiden, denn diese können zu Fäulnis führen.

Anzeichen für einen reifen Winterkürbis sind eine sortentypische Ausfärbung und eine harte Schale. Das beste Merkmal ist jedoch der Stiel: Wenn dieser hart und holzig ist, ist der Winterkürbis reif. In diesem Zustand sind Winterkürbisse bei richtiger Lagerung, das heißt kühl und trocken, über Monate haltbar. Bei der Ernte sollte immer ein etwa drei Zentimeter langer Stielansatz an der Frucht belassen werden. Dies verbessert die Haltbarkeit.

dottie / PHOTOCASE

Bild 49: Bei der Ernte immer etwas vom Stiel am Kürbis belassen.

Schwarzer Holunder: Jetzt ist Erntezeit

Jedes Jahr im September hängen die Beeren des Schwarzen Holunders an den Ästen und warten darauf, geerntet zu werden. Häufig jedoch bleiben die kleinen Früchtchen an den Sträuchern hängen, weil viele nicht wissen, dass Holunderbeeren genießbar sind. Manche wissen dies zwar, haben aber Angst davor, versehentlich giftige Beeren zu erwischen. Der Botaniker nennt die Früchte des Holunders übrigens nicht Beeren, sondern Steinfrüchte.

Vor dem Sammeln genau bestimmen

Beim Beerensammeln sollte man sich generell sicher sein, um welchen Strauch es sich handelt, bevor man pflückt. Schwarzer Holunder lässt sich jedoch gut von anderen Beerenarten unterscheiden. Auch verwandte Holunderarten, wie der Rote Holunder – er hat rote Beeren – oder der giftige Zwergholunder – er verholzt nicht – lassen sich gut von Schwarzem Holunder unterscheiden. Ausführliche Beschreibungen des Strauchs finden sich in den meisten Pflanzenführern. Auch im Internet gibt es Informationen dazu. Wer jedoch Zweifel hat, sollte die Beeren lieber hängen lassen.

Bild 50: Erntereife Holunderbeeren

Fast überall zu finden

Sambucus nigra, so der botanische Name für den Schwarzen Holunder, wächst vielerorts wild an Waldrändern, Flussufern oder in Hecken. Es handelt sich um einen schnell wachsenden Baum oder Strauch, der bis sechs Meter hoch werden kann. Im Juni bilden sich an den flachen Schirmrispen kleine weiße – bei manchen Zuchtformen auch rosafarbene – Blütchen, die einen süßlichen Geruch verbreiten. Am typischen Holundergeruch – der sich auch beim Zerreiben der Blätter bemerkbar macht – ist die Pflanze meist schon von weitem zu erkennen.

Ein wahrer Wunderstrauch

Früher wie heute wird der Schwarze Holunder gegen verschiedene Erkrankungen und Beschwerden eingesetzt. Wegen der wertvollen Inhaltstoffe der Früchte – unter anderem viel Vitamin C – ist der Schwarze Holunder auch für eine gesunde Ernährung sehr empfehlenswert.

Bild 51: Auch die Blüten des Holunders lassen sich verwerten.

Der Schwarze Holunder ist jedoch nicht nur in der Heilkunde nützlich, es lassen sich auch sehr köstliche Speisen und Getränke daraus bereiten. Vielen bekannt sein dürften Marmelade, Gelee oder Saft aus den Beeren. So mancher hat vielleicht auch schon mal einen aus Holunderblüten hergestellten Sirup gekostet. Doch die Palette an möglichen Rezepten ist noch viel größer.

Vorsicht: Schwarzer Holunder kann giftig sein

Vor dem Verzehr der schwarzen Holunderbeeren ist jedoch Vorsicht geboten. Unreife Beeren enthalten genauso wie Blätter, Stiele und die Rinde Sambunigrin. Dieser Giftstoff kann zu Erbrechen, leichten Krämpfen und Durchfall führen. Man sollte die Beeren daher erst dann ernten, wenn sie voll ausgereift – das heißt schwarz gefärbt – sind. Es empfiehlt sich auch die Beeren sofort nach der Ernte zu verarbeiten. Andernfalls kann es zu einer unkontrollierten Gärung kommen, die die Beeren ungenießbar macht.

Reife Früchte sind nahezu frei von Sambunigrin, sollten von empfindlichen Menschen aber auch nicht roh verzehrt werden. Wer die Früchte für kurze Zeit auf über 80 °C erhitzt, macht das Sambunigrin sowie andere unbekömmliche Stoffe unschädlich.

Holunder für den eigenen Garten

Gezüchtete Holundersorten haben gegenüber den Wildformen einen Vorteil: Die Beeren sind größer, reifen einheitlicher ab und weisen höhere Gehalte an Farbstoffen, Vitaminen und Mineralstoffen auf. Zudem gibt es auch Sorten, die – im Unterschied zur Wildform – bereits im August reife Beeren bieten. Es gibt also viele Gründe, sich einen Holunderstrauch in den Garten zu holen. Holunder zählt zu den wenig anspruchsvollen Straucharten. Bis auf Blattläuse wird er von Krankheiten und Schädlingen gänzlich verschont. Durch geeignete Schnittmaßnahmen kann man die Ernte steigern.

aboutpixel.de / Inga Palme

Bild 52: Grüne, unreife Holunderbeeren enthalten das giftige Sambunigrin.

Oktober

bis999 / PHOTOCASE

Den Garten jetzt auf den Winter vorbereiten

Alle Beete, die weder mit Wintergemüse noch mit Gründüngung bebaut sind, können ab Mitte Oktober umgegraben werden. Dies ist besonders wichtig bei sehr schweren und verdichteten Böden. Die Erde wird dazu mit einer Grabgabel oder mit dem Spaten in groben Schollen umgebrochen. Den Rest erledigt dann der Frost in den Folgemonaten: „Frost ist der beste Pflug", besagt schon eine alte Bauernweisheit.

Winterharte Gemüsearten wie Rosenkohl oder Pastinaken können den ganzen Winter über

Bild 53: Im Oktober können Obstgehölze gepflanzt werden.

Überwintern oder Einwintern?	
Winterharte Gemüse (überwintern im Freiland)	Rosenkohl, Porree, Radicchio, Pastinaken, Feldsalat, Grünkohl, Winterspinat, Winterportulak
Frostempfindliche Spätgemüse (rechtzeitig Einwintern, z. B. im Keller)	Chicoréewurzeln, Karotten, Sellerie, Weiß-, Rot-, Spitzkohl, Rote Bete, Zuckerhut, Endivie

auf den Beeten bleiben. Grünkohl entwickelt sogar erst unter Frosteinwirkung sein optimales Aroma und sollte daher nicht vor den ersten Frösten geerntet werden. Frostempfindliche Gemüse wie Karotten und Sellerie müssen dagegen früh genug geerntet und eingelagert werden.

Zeit zum Pflanzen

Mehrjährige Kräuter sowie Rhabarberstauden können jetzt noch geteilt und neu ausgepflanzt werden. Jetzt ist auch noch ein guter Erntezeitpunkt für Wurzelkräuter wie Baldrian, Beinwell oder Meerrettich. Sehr kälteempfindliche Gemüse und Kräuter wie die Andenbeere oder der Rosmarin sollten rechtzeitig vor dem Winter getopft und in einen frostfreien Raum gebracht werden. Für die etwas weniger kälteempfindlichen Arten reicht es aus, wenn man sie mit Fichtenreisig und etwas Laub abdeckt.

Bis Ende Oktober können noch späte Apfel- und Birnensorten geerntet werden. Grundsätzlich gilt: Je später, desto besser. Vorsicht jedoch bei gefrorenen Früchten: Diese nicht anfassen, da die Früchte sonst Schaden nehmen. In diesem Fall sollte man warten, bis sie wieder aufgetaut sind. Jetzt ist auch die richtige Zeit zur Pflanzung von Obstgehölzen. Nur Aprikose, Brombeere, Pfirsich, Walnuss und Wein sollten erst im Frühjahr gepflanzt werden.

Dies kann im Oktober gepflanzt werden:	
Pflanzung ins Freiland	Ernte im nächsten Jahr: Knoblauch, Topinambur (statt alles zu ernten, einfach einige Knollen im Boden belassen), Rhabarber, Estragon (franz.), Liebstöckel, Melisse, Pfefferminze, Salbei, Schnittlauch, Thymian, Waldmeister (Stauden teilen), Apfel, Birne, Pflaume, Süßkirsche, Stachel-, Josta-, Johannis-, Kulturheidel- und Himbeere

Spezielles im Oktober

Eine Kur für den Gartenboden

Das Gemüse ist geerntet, das Obst gepflückt. Bevor der Garten in die Winterruhe entlassen wird, lohnt es, sich mit dem Boden einmal intensiver zu beschäftigen. Interessant wäre es zum Beispiel herauszufinden, wie es um den Nährstoffvorrat des Bodens steht. Dies lässt sich am besten mit einer Bodenuntersuchung ermitteln.

Bild 54: Pflanzen entziehen dem Boden Nährstoffe. Welche und wie viele Nährstoffe noch im Boden vorhanden sind, lässt sich am besten mit einer Bodenprobe ermitteln.

Bodenuntersuchung

Eine Bodenprobe sollte etwa alle drei bis vier Jahre durchführt werden. Sie lohnt sich auf jeden Fall, denn nicht nur eine Unter-, sondern auch eine Überversorgung kommt – gerade in Haus- und Kleingärten – häufig vor. Auf diese Weise kann man die Kosten für die Untersuchung durch den gesparten Düngereinkauf wieder wettmachen. Verschiedene Einrichtungen wie zum Beispiel die landwirtschaftlichen Untersuchungs- und Forschungsanstalten (LUFA) bieten gegen Gebühr eine Bodenuntersuchung an.

Weitere Informationen zur Bodenprobe erhalten Sie bei allen Landwirtschaftskammern und -ämtern sowie bei den Landwirtschaftlichen Untersuchungs- und Forschungsanstalten (LUFA, siehe S.90).

Wichtig ist, dass von den verschiedenen Nutzungsbereichen – zum Beispiel Gemüse, Rasen oder Obst – getrennte Proben genommen werden. Mit dem Spaten wird ein Stück Boden herausgehoben (siehe Tabelle „Notwendige Dicke des Bodenhorizonts für die Bodenuntersuchung"). Dann nimmt man an der geraden Schnittfläche mit dem Löffel gleichmäßig etwas Erde von unten nach oben ab. Von einer Fläche sollten etwa zehn bis 15 Einzelproben gesammelt und gemischt werden. Von dieser Mischung werden dann etwa 400 Gramm Boden im Plastikbeutel an die Untersuchungsstelle geschickt. Dort wird der Boden im Labor auf Hauptnährstoffe und Spurenelemente sowie pH-Wert und Salzgehalt untersucht. Für einen Aufpreis erhält man zusätzlich noch eine nützliche Düngeempfehlung vom Fachmann.

Notwendige Dicke des Bodenhorizonts für die Bodenuntersuchung:	
Gemüse	0 bis 25 cm
Obst	0 bis 30 und 30 bis 60 cm (in zwei getrennten Proben)

Kalk – der Bodendünger

Kalk enthält das für den Boden sehr wichtige Nährelement Kalzium. Dieses reguliert den pH-Wert, verbessert die Verfügbarkeit weiterer Nährstoffe und fördert das Bodenleben. Ein Mangel an Kalk kann daher zu einer Versauerung des Bodens führen und verschlechtert die Bodenstruktur.

Wie jede andere Düngung sollte auch die Kalkdüngung nur nach genauer Messung des pH-Wertes im Boden erfolgen. Im Gartenfachhandel oder auch in Apotheken gibt es spezielle Teststreifen zur Ermittlung des pH-Werts. Dieser ist ein Maß für den Säuregrad des Bodens. Je niedriger dieser ist, desto saurer ist der Boden. Die meisten Obst- und Gemüsepflanzen bevorzugen einen schwach sauren bis neutralen pH-Wert, das heißt von etwa 5,5 bis 7. Eine Ausnahme bilden Heidelbeeren: Sie bevorzugen ein eher saures Milieu.

Ist der pH-Wert zu niedrig, lässt er sich mit Kalk erhöhen. Kalkdünger gibt es in verschiedenen Formen wie Löschkalk, Mischkalk, Kohlensaurer Kalk oder Hüttenkalk. Der Herbst ist die günstigste Zeit für die Kalkdüngung, denn Kalk sollte nicht zusammen mit Stickstoffdüngern, die im Frühjahr zum Einsatz kommen, verabreicht werden. Die Kalkdüngung erfolgt bei trockenem Wetter, der Kalk wird leicht eingearbeitet.

Bodenbearbeitung

Frei werdende Flächen schwerer Böden, die im Herbst nicht mehr bepflanzt werden, kann man mit dem Spaten umgraben. Die Erde kann in großen Schollen liegen bleiben, denn das eindringende Wasser „sprengt“ bei Frost die groben Erdklumpen - ein Vorgang, der als Frostgare bezeichnet wird. Im Frühjahr erleichtert dies die Bodenbearbeitung und ermöglicht eine bessere Durchwurzelung. Bei leichten Böden reicht oftmals ein Lockern des Bodens mit einer Grabgabel oder mit dem Sauzahn aus.

Bild 55: Im Herbst die Erde nur grobschollig wenden.

Knoblauch im Herbst pflanzen

Knoblauch ist nicht nur eines der vielseitigsten Gewürze, die wir kennen, sondern auch eines der gesündesten. Wer viel Knoblauch aus dem eigenen Garten ernten möchte, der sollte im Herbst noch einmal die Stiefel anziehen und die Schippe in die Hand nehmen. Belohnt wird er dafür im nächsten Jahr mit einer reichen Ernte.

Knoblauch mag es kalt um die Nase

Zwischen September und Anfang November ist die beste Zeit, um Knoblauch zu pflanzen.

Bild 56: Wer den Knoblauch im Herbst pflanzt, erhält im nächsten Jahr solche schönen Knollen.

Denn der mehrmonatige, winterliche Kältereiz wirkt sich positiv auf das Wachstum der Pflanze aus. Daher kann Knoblauch, der zu dieser Zeit gepflanzt wird, im nächsten Sommer (Juli/August) mit schönen großen Knollen geerntet werden.

Natürlich ist es auch möglich, den Knoblauch erst im Frühjahr zu pflanzen. Dann muss er aber schon sehr früh – Ende Februar/Anfang März – gesteckt werden, damit die Ernte im Spätsommer einigermaßen üppig ausfällt.

Geeignetes Pflanzgut ist wichtig

Als Pflanzgut sollte möglichst kein Knoblauch aus dem Gemüsehandel verwendet werden. Dieser Knoblauch kommt sehr häufig aus südlichen Ländern und ist an das dortige Klima gewöhnt. Die kalten Winter hier überleben diese Sorten in der Regel nicht. Pflanzgut, das an hiesige klimatische Bedingungen angepasst ist, erhält man im Gartenfachhandel. Es sollten ausschließlich große und gesunde Zehen gepflanzt werden. Solche, die ungewöhnliche Flecken oder Verfärbungen zeigen, pflanzt man besser nicht.

Pflanzabstände und -tiefe	
Abstand zwischen den Reihen	ca. 20 cm
Abstand in der Reihe	ca. 10 bis 15 cm
Pflanztiefe	ca. 4 bis 6 cm

Auch Brutzwiebeln sind nutzbar

Auch die Brutzwiebeln, die oberirdisch nach der Blüte gebildet werden, können zum Pflanzen verwendet werden. Bis zur Bildung der üblichen zusammengesetzten Knoblauchknollen dauert es dann jedoch zwei Jahre. Im ersten Jahr – also zur üblichen Erntezeit im Juli/August – bildet die Pflanze nur eine einfache, runde Zwiebel, einen so genannten „Rundling" aus. Dieser ähnelt dem im Winter oder Frühjahr im Handel erhältlichen Solo-Knoblauch, auch als „solo garlic", „aglio monobulbo" oder „Knollenknoblauch" bekannt.

bls999 / PHOTOCASE

Bild 57: Scheindolde mit Brutzwiebeln

Oktober

Mit oder ohne Blüte?

Von Natur aus bildet Knoblauch, botanisch *Allium sativum*, im Sommer einen Blütenstiel aus, an dem sich eine so genannte Scheindolde bildet. An dieser Scheindolde wachsen die kleinen Brutzwiebeln heran.

Eine Varietät des Knoblauchs – der Schlangenknoblauch, auch Rocambole genannt – *Allium sativum* var. *ophioscorodon*, ist gekennzeichnet durch ein gutes Aroma und große, leicht zu schälende Zehen.

Vor allem für den Erwerbsgartenbau wurde eine Knoblauch-Variante – *Allium sativum* var. *sativum* – ohne Blütenstiel gezüchtet. Vorteil dieser Varietät ist es, dass die Pflanzen Knollen mit kräftigerem Aroma ausbilden. Darüber hinaus sind die Knollen besser lagerfähig.

November

Jetzt kann der Winter kommen

Im Gemüsegarten ist es nun an der Zeit, die noch verbleibenden Herbstarbeiten zu erledigen: Die letzen, nicht winterharten Spätgemüse wie zum Beispiel Blumenkohl, Zuckerhut oder Endivie sollten vor den ersten Frösten geerntet und eingelagert werden. Wo bisher noch nicht geschehen, kann der Boden jetzt noch – bei trockenen Bedingungen – umgegraben werden.

Einige Küchenkräuter wie Petersilie oder Schnittlauch kann man eintopfen und den Winter über in der Küche auf die Fensterbank holen: So hat man auch in der dunklen Jahreszeit immer frisches Grün zum Würzen. Die restlichen empfindlichen Gemüse und Gartenkräuter, die im Garten verbleiben, sollten mit etwas Reisig und Laub gegen die Kälte geschützt werden.

Obstgarten

Im Obstgarten gibt es im November noch allerhand zu tun. Die meisten Obstgehölze können noch bis Ende des Monats gepflanzt werden. Ausnahmen bilden Aprikose, Pfirsich, Walnuss und Wein, die eine Pflanzung im Frühjahr bevorzugen. Bei schweren Böden ist es sinnvoll, den Aushub des Pflanzloches mit Kompost zu vermischen: Dies fördert das Anwachsen und eine gute Wurzelbildung.

Bild 58: Wer sich auch im Winter mit frischem Grün versorgen möchte, kann einige Küchenkräuter wie Petersilie eintopfen und auf die Fensterbank holen.

Bild 59: Ein Stammanstrich verhindert Frostrisse.

Was muss geerntet werden, was kann stehen bleiben?	
Winterharte Gemüse – überwintern im Freiland	**Frostempfindliche Spätgemüse – jetzt ernten und einlagern**
Rosenkohl, Porree, Radicchio, Pastinaken, Feldsalat, Grünkohl, Winterspinat, Winterportulak, Schwarzwurzeln	Chicoréewurzeln, Karotten, Sellerie, Blumenkohl, Kohlrabi, Weiß-, Rot-, Spitzkohl, Rote Rüben, Zuckerhut, Endivie

Dies kann im November gepflanzt werden:	
Pflanzung ins Freiland	Rhabarber, Topinambur, Apfel, Birne, Pflaume, Himbeeren (Herbst-, Sommer-), Johannisbeeren, Kulturheidelbeeren, Stachelbeeren, Süßkirsche

Was man sonst noch im Obstgarten erledigen kann:

- Leimringe gegen den Frostspanner (Schädling an Obstbäumen) anbringen
- Obstbaum-Stammanstrich (erhöht die Reflexion der Sonnenbestrahlung, wichtig bei starken Frösten)
- Obstbaumkrebs behandeln
- Sammeln und Entfernen von Fruchtmumien, Fallobst und Herbstlaub, da evtl. Schadpilze wie z. B. Apfelschorf oder *Monilia* darauf überwintern und im Frühjahr zu einer Neuinfektion führen können
- Alte Obstbäume mit Kompost düngen (um den Stamm herum auf dem Boden verteilen)

Spezielles im November

Hoch- und Hügelbeete: eine clevere Alternative zu herkömmlichen Flachbeeten

Wer einen kleinen Garten mit vielen Gartenabfällen hat und zudem noch experimentierfreudig ist, sollte es mal mit einem Hoch- oder Hügelbeet probieren. Jetzt ist die richtige Jahreszeit für die Anlage dieser alternativen Beetformen, die neben vielen praktischen Vorteilen auch etwas fürs Auge bieten.

Hochbeete – der Rücken wird es danken

Der besondere Vorteil eines Hochbeets liegt im rückenschonenden Arbeiten, weswegen Hochbeete vor allem bei älteren Menschen sehr beliebt sind. Doch damit es bei jüngeren Gärtnern erst gar nicht zu Rückenschmerzen kommt, empfiehlt es sich, schon sehr viel früher über ein Hochbeet nachzudenken. Auch Rollstuhlfahrern bietet ein Hochbeet die Möglichkeit, der geliebten Gartenarbeit nachzugehen.

Ein Hochbeet wird üblicherweise kastenförmig in Nord-/Südrichtung angelegt. Es sollte etwa zwei Armlängen breit sein, so dass man mit den Händen bequem bis zur Beetmitte reichen kann. Die Länge ist beliebig. Für die Beeteinfassung wird meist Holz in Form von Rund- oder Kanthölzern oder Holzbohlen verwendet. Alternativ kann jedoch auch Beton eingesetzt werden – zum Beispiel L-Betonsteine – womit die Lebensdauer des Beets deutlich erhöht wird. Im Gartenfachhandel sind auch vorgefertigte Bausätze erhältlich, die zu Hause nur noch zusammengebaut werden müssen. Wer sich für Holz als Material entscheidet, sollte es möglichst

Bild 60: Hochbeete ermöglichen ein rückenschonendes Gärtnern.

mit einem pflanzenverträglichen Imprägniermittel behandeln, um die Lebensdauer zu erhöhen. Aufgrund der hohen Widerstandsfähigkeit ist Lärchenholz zu empfehlen.
Gefüllt wird das Hochbeet mit gewöhnlicher Garten- und Komposterde. Alternativ kann man das Hochbeet aber auch schichtweise mit Grünschnittresten, Laub und Kompost befüllen, wie es bei Hügelbeeten üblich ist. In den Herbstmonaten stehen diese „Gartenabfälle" in den meisten Gärten reichlich zur Verfügung.

Hügelbeete – eine billige Alternative

Das Hügelbeet ist eine billige und weniger aufwändige Alternative zum Hochbeet. Ein besonderer Vorteil gegenüber Flach- und Hochbeeten ist die intensive Flächennutzung. Durch die wallartige Form ist die Anbaufläche um etwa ein Drittel größer und der günstige Lichteinfall

Bild 61: Hügelbeete sind ideal für die Verwertung von Gartenabfällen.

erlaubt es, die Gemüsereihen etwas dichter als gewöhnlich zu pflanzen.
Im Hügelbeet können Gartenabfälle wie Baum-, Gras- und Strauchschnitt sowie Laub und Pflanzenreste sinnvoll verwertet werden, indem man sie schichtweise übereinander lagert. Durch die dabei entstehende Verrottungswärme steigt die Temperatur im Hügelbeet um bis zu 8 °C. Die Vegetationsperiode wird dadurch um einige Wochen verlängert – ein Vorteil vor allem in kälteren Regionen. Außerdem ist Gemüse auf einem Hügelbeet weniger anfällig gegenüber Pilzkrankheiten, da der Boden schneller abtrocknet. Doch das schnelle Abtrocknen bringt auch Nachteile mit sich: Im Sommer muss bei lang anhaltender Trockenheit mehr und regelmäßiger gegossen werden als auf Flachbeeten.

Die ideale Zeit für den Bau eines Hügelbeets ist der Spätherbst. Dann stehen die meisten der benötigten Materialien in ausreichenden Mengen zur Verfügung und das Beet kann bis zum Frühling noch etwas nachsacken. Bepflanzen sollte man das Hügelbeet am besten in Mischkultur. Hier werden verschiedene miteinander verträgliche Pflanzenarten direkt nebeneinander gepflanzt.

Herbst ist Beeren-Pflanzzeit

Ob Himbeere, Stachelbeere oder Brombeere: Sie alle sind sehr beliebt. Im Sommer bieten sie der ganzen Familie eine vitaminreiche Naschquelle und im Winter erinnert uns die selbst gemachte Marmelade an die bunten Früchtchen. Wer sich diese Leckereien aus dem eigenen Garten im nächsten Jahr nicht entgehen lassen will, der sollte jetzt noch mal zum Spaten greifen, denn im Herbst ist für viele Beerenarten die ideale Pflanzzeit. Himbeeren, Stachelbeeren, Johannisbeeren, Heidelbeeren oder Jostabeeren können jetzt noch gepflanzt werden.

Warum nicht mal Heidelbeere ?

Die meisten Beerenarten sind relativ pflegeleicht und daher auch für den Hobbygarten zu empfehlen. Neben den bewährten Arten wie Himbeeren oder Johannisbeeren gibt es einige weniger bekannte Kulturen. So trifft man zum Beispiel die Heidelbeere in deutschen Gärten eher selten an. Das mag daran liegen, dass viele mit Heidelbeeren kleine wilde Sträucher in Verbindung bringen, die nur auf Waldlichtungen oder Heideflächen wachsen. Dazu kommt noch die Erinnerung an das mühsame und zeitaufwändige Pflücken der kleinen blauen Früchtchen, gepaart mit der Befürchtung, dass man wegen des Fuchsbandwurms auf den Verzehr roher Früchte aus dem Wald verzichten sollte. Da kann einem die Lust auf Heidelbeeren schon vergehen.

Viele wissen jedoch nicht, dass es heute Zuchtformen der Heidelbeere gibt, die hervorragend im Garten gedeihen. Gemeint sind die Kulturheidelbeeren *(Vaccinium corymbosum)* – auch Gartenheidelbeeren genannt. Sie bilden bis zu zwei Meter hohe Sträucher, die im Sommer dicht mit fast kirschgroßen und wohlschmeckenden Früchten behangen sind. Der Ertrag ist meist so groß, dass man mit zwei bis drei dieser Sträucher den Nachbarn gleich mitversorgen kann. Ein weiterer Vorteil der modernen Züchtungen ist, dass diese dickschaliger sind als ihre „wilden Verwandten" aus dem Wald. Dies macht sie länger haltbar.
Wer dennoch nicht gerne auf den intensiven, charakteristischen Geschmack der wilden Heidelbeeren verzichten möchte, kann sich auch die gute alte Blaubeere *(Vaccinium myrtillus)* – auch Waldheidelbeere genannt – in den Garten holen. Auch diese ist als Jungpflanze in der Gärtnerei erhältlich. Der Ertrag ist jedoch weitaus geringer als bei der Kulturheidelbeere.

Vor dem Anbau einige Regeln beachten

Die Kultur von Heidelbeeren im eigenen Garten ist relativ einfach, wenn man einige Regeln beachtet: Die Heidelbeere benötigt einen vollsonnigen Platz. Da sie – wie auch der Rhododendron – ursprünglich eine Moorpflanze ist, benötigt sie einen humosen, sauren Boden (pH 4 bis 5). Die übliche Gartenerde erfüllt diese Bedürfnisse in der Regel nicht, da sie meist zu kalkreich ist.
Mit einer Mischung aus Torf, Sand und Rindenmulch von Nadelbäumen kann man aber ganz leicht ein saures Milieu für die Heidelbeere schaffen. Wer dieses Material nicht zur Hand hat, kann auch Rhododendronerde aus dem

mister QM / PHOTOCASE

Bild 62: Die Kulturheidelbeere hat beinahe kirschgroße Früchte.

Gartenfachhandel als Pflanzerde verwenden. Ist der Mutterboden im Garten sehr kalkhaltig, empfiehlt es sich, das Pflanzloch mit einer gelochten Teichfolie auszulegen. Eine Schicht aus Sägespänen oder Rindenmulch von Nadelbäumen rund um den gepflanzten Strauch hält den Boden dauerhaft sauer.

Die weitere Pflege der Heidelbeere ist dann ein Kinderspiel, denn Pflanzenschutzmaßnahmen sind meist nicht nötig. Düngen kann man entweder mit verrotteter Nadelstreu oder mit im Handel erhältlichem Rhododendrondünger. Auf gar keinen Fall sollte kalkhaltiger Dünger verwendet werden – also auch kein Kompost. Bei Trockenheit müssen die Pflanzen gelegentlich etwas gegossen werden. Auch hier empfiehlt es sich, auf kalkarmes Regenwasser – aus der Regentonne – zurückzugreifen. Alle vier bis fünf Jahre ist ein Verjüngungsschnitt durchzuführen, bei dem man die älteren Triebe entfernt.

Ausgefallene Heidelbeerverwandte: Cranberries und Preiselbeeren

Wer es gerne noch etwas ausgefallener hat, der kann es einmal mit Cranberries *(Vaccinium macrocarpon)* oder Preiselbeeren *(Vaccinium vitis-idaea)* im Garten probieren. Die roten Cranberries – auch Großfrüchtige Moosbeeren genannt – sind in Nordamerika sehr beliebt, und etablieren sich zurzeit auch auf dem europäischen Markt. Die herbsauren Beeren schmecken im rohen Zustand nur einigen wenigen Liebhabern. Getrocknet, gekocht oder zu Marmelade, Säften oder Ähnlichem weiterverarbeitet schmecken sie jedoch sehr gut und sind dazu noch überaus gesund. Die ebenfalls roten und herbsauren Preiselbeeren sind um einiges kleiner als die Cranberries. Sie werden häufig zu Wildgerichten und Pfannkuchen oder als Kompott verzehrt. Auch ihnen wird ein hoher Gesundheitswert zugesprochen.

Bild 63: Die Kulturheidelbeere ist ertragreicher als ihre Verwandte aus dem Wald.

Dezember

Der Garten ruht

Jedes Jahr bringt neue Erkenntnisse und Erfahrungen. Im Dezember ist es ruhig im Garten. Das gibt uns die Zeit, einmal auf das letzte Jahr zurückzublicken: Warum ist das eine oder andere gar nicht oder nur schlecht gewachsen? War man zufrieden mit der Ernte? Was ist besonders gut gewachsen? Gibt es etwas, das man im Garten vermisst oder kann etwas verbessert werden?

Bild 64: In der Natur herrscht Winterruhe. Jetzt ist Zeit genug für die Gartenplanung.

Diese und andere Fragen können jetzt im Winter geklärt werden. Man kann nun etwas intensiver in der sehr umfangreichen Gartenfachliteratur herumschmökern und sich mit dem Nachbarn austauschen. Oder man nimmt an einem Gartenseminar teil. Diese werden zum Beispiel von örtlichen Obst- und Gartenbauvereinen angeboten.

Vielleicht reizt es den einen oder anderen ja auch, im kommenden Jahr einmal ein paar andere Sorten oder Gemüsearten auszuprobieren. Wie wäre es mit Exoten wie Kiwi, Pepino oder Physalis? Jetzt im Dezember ist die richtige Zeit, um Saatgutkataloge zu wälzen und die Anbauplanung für das nächste Jahr vorzunehmen.

Für besonders Aktive

Wer trotz Kälte gerne draußen im Garten ist und die Zeit sinnvoll nutzen möchte, kann dies auch im Dezember tun: Die Leimringe an den Obstbäumen müssen regelmäßig kontrolliert und gegebenenfalls erneuert werden. Sonnige Dezembertage bieten sich an um Obstbäume zu schneiden oder mit einem Stammanstrich vor Spannungsrissen zu schützen. Bei schlechtem Wetter kann man sich der Wartung der Gartenwerkzeuge hingeben, die mindestens einmal im Jahr gereinigt und gefettet werden sollten. Am vierten Dezember schneidet man traditionell die Barbarazweige, am besten von Kirschbäumen. Im Warmen in der Vase aufgestellt, blühen sie zu Weihnachten.

Bild 65: Der Winter eignet sich, um die Gartenwerkzeuge zu warten.

Wer Wintergemüse wie Feldsalat, Rosenkohl oder Grünkohl im Garten hat, sollte natürlich nicht vergessen diese auch regelmäßig zu ernten. Einige Gemüsearten wie Grünkohl oder Pastinaken entwickeln erst nach Frosteinwirkung ihr volles Aroma. Auch die dunkelblauen, pflaumenähnlichen Früchte der Schlehe sollten etwas Frost erhalten: Dadurch wird der herbe, saure Geschmack etwas gemildert.

Spezielles im Dezember

Gartenbau en miniature – Keimlinge

Auch wenn die Gemüsevielfalt des Gartens saisonbedingt etwas geringer ausfällt, auf die hauseigene Vitamin- und Ballaststoffversorgung muss man auch im Winter nicht verzichten. Denn mit der Kultur von Keimlingen – manchmal auch als Keimsprossen bezeichnet – kann man sich den Garten über Winter ins Haus holen.

Zarte frische Keimlinge ergänzen schmackhaft und wertvoll die winterliche Gemüseversorgung. Sie haben mehr Vitamine und Ballaststoffe als Samen und lassen sich einfach und preiswert in Einmachgläsern oder Schalen ziehen.

Auf die richtige Dosis kommt es an

Mit der richtigen Dosis an Licht, Wärme, Luft und Feuchtigkeit kann eigentlich nichts schief gehen. Zunächst sollte man die Samen und Keimbehälter gründlich waschen und zerbrochene oder verfärbte Samen aussortieren. Über Nacht lässt man die Samen dann in lauwarmem Wasser vorquellen. Die Quellzeit richtet sich nach Härte und Dicke der Samenschale. Am besten keimen die Samen im Dunkeln. Sobald

Bild 66: In Keimschalen können Keimlinge kinderleicht kultiviert werden.

die ersten Keimlinge zu sehen sind, sollten sie an einen hellen Ort gestellt werden. Dies erhöht den Gehalt an wertvollen Inhaltstoffen und senkt den Nitratgehalt.
Die Samen und Keimlinge müssen während der Keimung stets feucht – jedoch nie nass – gehalten werden. Wichtig ist außerdem, dass die Keimlinge zweimal täglich – Kichererbsen und Sojabohnen sogar drei- bis viermal – mit Wasser gespült werden. Dadurch entweicht das bei der Keimung entstehende Kohlendioxid und die Keimlinge werden mit frischem Wasser und Sauerstoff versorgt. Die optimale Keimtemperatur liegt zwischen 18 und 22 °C. Bei günstigen Wachstumsbedingungen können die ersten Keimlinge schon nach zwei bis drei Tagen (z. B. Getreide, Linsen, Kresse) geerntet werden. Etwas länger dauert es zum Beispiel bei Luzerne und Mungbohnen (ca. fünf Tage).

Für die Keimlingsanzucht bieten sich grundsätzlich die Samen aller Pflanzenarten an, deren

Für die Keimlingsanzucht geeignete Pflanzenarten:		
Getreide	**Hülsenfrüchte**	**Sonstige**
Weizen Roggen Hafer Gerste Reis Hirse Mais	Sojabohne Mungbohne Linsen Kichererbsen Erbsen Luzerne Bockshornklee	Rettich Senf Gartenkresse Buchweizen Lein Sonnenblumen Sesam

Blätter, Stängel oder Früchte essbar sind (siehe Tabelle oben). Ungeeignet sind die Samen von Nachtschattengewächsen wie Kartoffeln und Tomaten sowie von Gartenbohnen wegen ihrer giftigen Inhaltsstoffe.

Gefäße für die Anzucht gibt es in jedem Haushalt

Technisch bieten sich für die Keimlingszucht verschiedene Methoden an. Besonders einfach und preiswert geht es mit einem Einmachglas, etwas Kunststoffgaze und einem Gummi. Die Gaze und das Gummi benötigt man, um das Glas zu verschließen. Nach jedem Wässern wird das Glas etwas schräg mit der Öffnung nach unten aufgestellt, so dass das Wasser ablaufen und Luft einströmen kann.

Grüne Keimlinge wie die von Kresse, Luzerne oder Senf entwickeln sich in flachen Gefäßen besser. Für die Zucht solcher Keimlinge eignet sich eine mit feuchtem Mull belegte flache Schale, auf der man die Samen gleichmäßig verteilt. Um die Samen vor dem Austrocknen zu schützen, bespritzt man sie hin und wieder mit Wasser.

Für diejenigen, die über das Experimentierstadium hinaus Freude an der Keimlingsanzucht gefunden haben, lohnt sich die Investition in spezielle Keimgefäße. Hier gibt es im Handel verschiedene Modelle, mit denen man zum Teil mehrere Keimlingsarten gleichzeitig keimen lassen kann.

Ungebetene Wintergäste im Garten

Wenn es draußen klirrend kalt ist, braucht man sich in der Regel keine Sorgen um Schädlinge oder Pilzkrankheiten im Garten zu machen. Dennoch sollten Gärtner auch im Winter auf der Hut sein. Denn gerade in der kalten Jahreszeit treten Wirbeltiere wie Wühlmäuse, Kaninchen und Co. als Schädlinge auf.

Die kleinen Nager fressen mit Vorliebe an jungen Wurzeln und Trieben. Bei vermehrtem Auftreten können sie damit erheblichen Schaden anrichten. Doch nicht nur die „Kleinen" machen den Gärtnern im Winter Sorge: Auch Wildschweine und Rehe sind nicht mehr nur in ländlichen Gebieten ein Problem.

Wühlmäuse – schwer zu bekämpfen

Wühlmäuse können im Garten zu einer echten Plage werden. Die kleinen Nager machen sich im Winter über die Wurzeln von Obstbäumen,

Bild 67: Wühlmaus

Beerensträuchern und Gemüsepflanzen her, was bis zum Absterben der Pflanzen führen kann. Die Liste der „Hausmittelchen“ gegen die Wühlmaus ist lang. Die Wirksamkeit dieser Mittel wird von Gärtnern aber stark unterschiedlich bewertet.

Einig ist man sich über die Wirksamkeit von mechanischen Fallen. Wer den Wühlmäusen damit den Kampf ansagt, braucht allerdings eine gehörige Portion Geduld. Denn es bedarf einiger Übung, um die Fallen wirksam anzuwenden.

Zuerst einmal ist es wichtig, den Gang einer Wühlmaus überhaupt zu erkennen. Diese sind im Querschnitt hoch-oval und lassen sich damit relativ gut von denen des Maulwurfs – dieser darf laut Gesetz nicht gejagt werden – unterscheiden. Da die Wühlmaus ihre Gänge akribisch pflegt, kann man durch das Öffnen eines Gangs prüfen, ob es sich um einen bewohnten Wühlmausgang handelt. Wenn das Loch nach ein bis zwei Stunden wieder verschlossen ist, ist dort eine Wühlmaus aktiv. Mit Fallen, die man in solche Gänge steckt, hat man meist Erfolg.

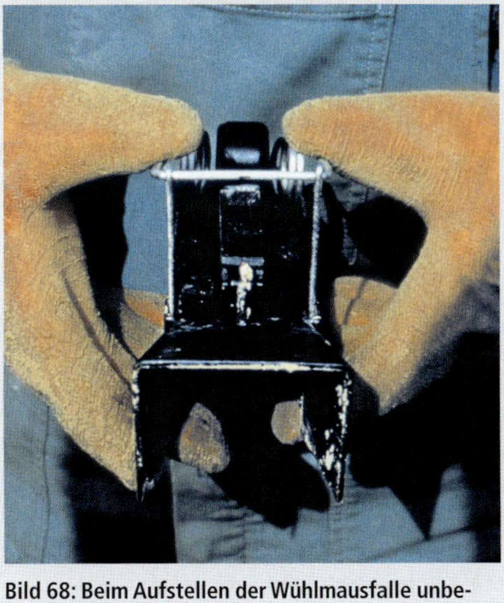

Neudorff

Bild 68: Beim Aufstellen der Wühlmausfalle unbedingt Handschuhe tragen.

Ganz wichtig ist es, dass man bei der Arbeit Handschuhe trägt, denn die sensiblen Mäuse wittern sofort, wenn Menschenhand am Werk ist. Im Handel wird eine Vielzahl an Fallen angeboten: Vor dem Kauf also gut beraten lassen. Mit der Bekämpfung der Mäuse alleine ist es jedoch nicht getan. Wo möglich, sollte man die Pflanzen vor dem Zugriff der Wühlmäuse schützen. Die Wurzeln von Obstgehölzen und Sträuchern kann man wirksam schützen, indem man die Pflanzgrube mit engmaschigem Drahtgeflecht auskleidet. Für Hoch- und Hügelbeete bietet Drahtgeflecht ebenfalls einen guten Schutz.

Wildtiere zunehmend auch in der Stadt

Rehe und Wildschweine sind ebenso wie Hasen und Kaninchen schon lange nicht mehr nur ein Problem für Gärtner in ländlichen Regionen. Zunehmend berichten auch verschreckte „Großstadtgärtner“ von wildschweingepflügten Beeten und Rasenflächen. Gerade im Winter, wenn die Nahrung knapp ist, trauen sich die sonst eher scheuen Tiere näher an menschliche Siedlungen heran.

Bild 69: Kaninchen können im Garten erheblichen Schaden anrichten.

So „knuffig“ sie auch sind: Hasen und Kaninchen können großen Schaden an jungen Obstbäumen und Sträuchern verursachen. Sie nagen vor allem im Winter an Wurzeln, Rinde und Trieben junger Bäume und Sträucher. Um einen Wurzelschaden zu vermeiden, hilft auch hier ein engmaschiges Drahtgeflecht. Mit diesem wird das Pflanzloch vor dem Pflanzen von Bäumen und Sträuchern ausgekleidet.

Schutz für Triebe und Rinde

Um den durch das Wild verursachten Bissschaden an den Trieben und der Rinde von jungen Bäumen zu verhindern, kann man im Handel erhältliche Schutzspiralen oder Schutzmanschetten aus Kunststoff um den Stamm legen. Mit Kaninchendraht lässt sich ein wirksamer Bissschutz auch selbst anfertigen. Die mechanischen Schutzbarrieren sollten mindestens 1,50 Meter hoch sein. Um zu verhindern, dass das Wild den Schutz einfach nach oben schiebt, empfiehlt es sich, ihn im Boden zu verankern. Ebenfalls wirksam sind so genannte Wildverbissmittel, die man auf die Gehölze aufsprüht oder streicht. Der Geruch dieser Mittel hält die Tiere davon ab, an den Pflanzen zu fressen. Je nach Wetter müssen diese Mittel alle zehn bis 14 Tage neu aufgebracht werden. Falls technisch möglich, ist eine Gartenbeleuchtung mit Bewegungsmelder eine sehr gute Methode, um Wild abzuschrecken.

Die wirksamste, aber zugleich teuerste Lösung ist ein Zaun rund um das Gartengelände. Er sollte mindestens einen Meter hoch sein, denn bis zu dieser Höhe können Hasen springen. Außerdem ist es wichtig, den Zaun etwa 10 bis 20 Zentimeter tief in den Boden einzulassen, damit sich Meister Lampe nicht darunter durchgraben kann. Soll der Zaun auch Wildschweine abhalten, muss er zudem sehr stabil sein, was die Kosten dann schnell in die Höhe treiben kann.

Bild 70: Vor Bissschäden an Trieben und Rinde schützen Schutzspiralen aus Kunststoff, die man um den Stamm legt.

Januar

Erste Vorbereitungen für den Gemüsegarten

Im Januar kann man bereits mit den ersten Vorbereitungen für den Gemüsegarten beginnen. Wer die Anbauplanung im Dezember nicht mehr geschafft hat, kann dies jetzt noch erledigen.

Wer noch Saatgut aus vergangenen Jahren übrig hat, sollte dieses vor der Aussaat auf seine Haltbarkeit (Angaben auf der Saatgutpackung) hin prüfen: Im Zweifelsfall kann eine Keimprobe durchgeführt werden, bei der eine bestimmte Anzahl Samen auf feuchtem Papier bei Zimmertemperatur zum Keimen gebracht wird. Keimen weniger als 50 Prozent der Samen, sollte besser neues Saatgut erworben werden. Liegt die Keimfähigkeit zwischen 50 und 60 Prozent, empfiehlt es sich, doppelt so dicht wie üblich auszusäen. Alle Werte über 75 Prozent weisen auf ausreichend keimfähiges Saatgut hin.

Bild 71: Wenn es draußen friert, kann sich der Gärtner ganz in Ruhe der Gartenplanung für das kommende Jahr hingeben.

Beim Kauf neuen Saatguts empfiehlt es sich Sorten zu wählen, die sich nach eigenen Beobachtungen (Notizen aus den Vorjahren!) bewährt haben. Zudem sollten die Sorten qualitativ gut, ertragssicher sowie wenig krankheitsanfällig sein und natürlich gut schmecken.

Durchschnittliche Keimfähigkeit verschiedener Gemüsearten

Keimfähigkeit in Jahren	Gemüseart
1 – 2 Jahre	Karotten, Lauch, Pastinaken, Schwarzwurzeln, Zwiebeln, Schnittlauch
2 – 4 Jahre	Bohnen, Erbsen, Kresse, Mais, Radieschen, Rettich, Salat, Sellerie, Spinat, Tomaten, Dill, Fenchel, Mangold, Paprika, Spinat
4 – 6 Jahre	Gurken, Kürbisse, Melonen, Zucchini, Kohlgewächse, Endivie

Wer frühzeitig säen möchte, kann bereits Ende Januar in Saatschalen auf der warmen Fensterbank oder im beheizten Gewächshaus mit der Aussaat einiger Gemüsearten wie zum Beispiel Tomaten, Paprika, Aubergine, Artischocke oder Knollensellerie beginnen. Im Februar ist dazu aber auch noch genügend Zeit.

Treiben von Chicorée

Die wenigsten Hobbygärtner haben schon einmal versucht, ihren eigenen Chicorée zu treiben. Alles was man dazu braucht sind Chicorée-Wurzeln, ein Gemisch aus Erde, Kompost und etwas Kalk sowie ein geeignetes Gefäß (z. B. eine alte Holzkiste oder Wanne mit Löchern im Boden).
Die Chicorée-Wurzeln werden in dem Gefäß dicht aneinandergereiht gesetzt, wobei die Zwischenräume mit dem Erde-Torf-Gemisch aufgefüllt werden. Alles gut wässern. Bei älteren Sorten werden die Wurzeln mit einer

Bild 72: Erntereifer Chicorée

etwa zehn bis 20 Zentimeter dicken Schicht Erde abgedeckt. Viele neuere Sorten sind auch ohne Deckerde treibfähig. Das Gefäß kann zur Sicherheit anschließend noch mit einer schwarzen Folie abgedeckt werden: Bei Chicorée ist es nämlich besonders wichtig, dass kein Licht an die Pflanzen kommt, da Licht die Bildung von Blattgrün fördert und das Gemüse bitter macht. Das Gefäß sollte an einem dunklen und warmen Ort (12–17 °C) aufgestellt werden. Nach einer Treibdauer von etwa fünf bis sechs Wochen kann die Ernte beginnen. Bei einer Länge von etwa zehn bis 15 Zentimetern wird der Chicorée dicht über dem Wurzelkopf abgeschnitten.

Spezielles im Januar

Pilzzucht aus dem Karton

Pilze züchten ist heute keine Wissenschaft mehr. Mit einer Pilzfertigkultur kann man das ganze Jahr über im Haus oder auf dem Balkon frische Speisepilze kultivieren. Im Handumdrehen lassen sich auf diese Weise innerhalb von drei bis vier Wochen schmackhafte Speisepilze heranziehen.

Speisepilze sind gesund, kalorienarm und lecker. Sind sie dann auch noch aus dem eigenen Anbau, schmecken sie noch mal so gut. Gerade jetzt im Winter, wo im Nutzgarten nur noch wenig zu finden ist, bringen die eigenen Speisepilze eine willkommene Abwechslung auf den Menüplan. Mit der geeigneten Fertigkultur ist der Pilzanbau daheim nicht nur ein „Kinderspiel", sondern auch für den Nachwuchs ein äußerst spannendes Projekt. Denn so ein Champignon kann innerhalb von 24 Stunden sein Gewicht verdoppeln.

www.pilzshop.de

Bild 73: Die Champignon-Fertigkultur

Was muss man bei der Pilzfertigkultur beachten?

Bei den Fertigkulturen ist in der Regel nicht viel zu beachten. Die gelieferten Substrate werden bereits beim Gärtner mit der Pilzbrut „beimpft" – das heißt mit dem Pilzgeflecht versehen. Sie sind soweit vorgezogen, dass sie, beim Kunden angekommen, recht schnell mit der Fruchtkörperbildung beginnen. Allen Pilzen ist gemein, dass sie eine hohe Luftfeuchtigkeit benötigen. Daher ist es wichtig, das Substrat immer gut feucht zu halten.

Jede Pilzart hat ihr bestimmtes Temperaturspektrum, bei dem sie sich besonders wohl fühlt. Temperaturen von mehr als 20 °C hat aber (fast) kein Pilz gerne. Daher ist es empfehlenswert, im Haus oder Keller einen eher kühlen Raum für die Pilzzucht auszusuchen. Man sollte sich möglichst genau an die empfohlenen Temperaturangaben halten, andernfalls fruchten die Pilze nicht oder nur sehr schlecht.

Auf Licht reagieren die verschiedenen Arten sehr unterschiedlich: Champignons haben ein sehr neutrales Verhältnis zu Sonnenlicht: Sie wachsen sowohl mit als auch ohne. Austernpilze und Shiitake entwickeln dagegen bei Dunkelheit deformierte Fruchtkörper. Man sollte daher beim Kauf immer genau auf die mitgelieferte Kulturanleitung achten.

Champignons – die Einfachen aus der Kiste

Am einfachsten ist die Fertigkultur von Champignons. Sie wird meist fix und fertig in Styropor- oder Pappkartons angeboten. Die Kiste enthält das bereits mit dem Pilzgeflecht durchzogene Substrat, das nur noch mit der mitgelieferten Deckerde bedeckt und reichlich gewässert werden muss.

Nach etwa 20 bis 30 Tagen können dann die ersten Fruchtkörper geerntet werden. Bei guten Substrat- und Klimabedingungen ist es möglich, in Abständen von ein bis zwei Wochen zu ernten – insgesamt etwa vier bis sechs Mal. Dann ist das Substrat ausgezehrt – aber noch gut als organischer Dünger für den Garten zu gebrauchen. Im Handel werden weiße und braune Champignons für die Fertigkultur angeboten.

Auch Shiitake, Austernpilze und einige andere, weniger bekannte Arten wie Kräuterseitling oder Pioppino (Südlicher Schüppling), lassen sich als Fertigkultur auf einfache Weise ganzjährig im Haus kultivieren. Beziehen kann man die Fertigkulturen in größeren Gartencentern oder über Internetversandhändler. Die Kultursets werden in verschiedenen Größen mit einem Gewicht zwischen drei und acht Kilogramm angeboten. Als Erntemenge kann man in der Regel mit etwa 25 bis 35 Prozent des Substratgewichts rechnen. Das heißt bei einer Champignon-Fertigkultur mit neun Kilogramm Substratgewicht ergibt sich eine Erntemenge von rund drei Kilogramm.

www.pilzshop.de

Bild 74: Shiitake-Fertigkultur

Februar

Das erste Grün

Für die Direktsaat ins Freiland ist es jetzt im Februar für die meisten Kulturen noch zu kalt. Im geheizten Gewächshaus oder auf der warmen Fensterbank kann aber ab Monatsmitte bereits mit der Anzucht einiger Gemüsearten begonnen werden. Je nach Region und Witterung kann man ab Ende Februar auch schon in den Frühbeetkasten säen. Manche Arten wie die Dicke Bohne können aber schon jetzt unter freiem Himmel gesät werden.

Anzucht auf der eigenen Fensterbank

Wer im Sommer Tomaten, Paprika & Co. aus eigener Zucht genießen möchte, kann ab Mitte Februar schon mit der Anzucht beginnen. Der Standort sollte warm (20 bis 25 °C) und hell sein. Für die Anzucht auf der Fensterbank eignen sich wiederverwendbare Kunststoffschalen. Um die Pflanzen vor der trockenen Heizungsluft zu schützen, sollten die Schalen mit einem durchsichtigen Kunststoffdeckel oder mit Klarsichtfolie bedeckt werden. Die Pflanzen müssen von Zeit zu Zeit belüftet werden.

Die Schalen müssen vor Gebrauch gut gereinigt werden, damit keine Pflanzenkrankheiten auf die empfindlichen Pflänzchen übertragen werden. In die Schalen wird ungedüngte Erde gefüllt und glattgestrichen. Werden mehrere

Bild 75: Tomaten können auf der Fensterbank vorgezogen werden.

Arten in eine Schale gesät, sollte man die verschiedenen Abschnitte mit Holzstäbchen oder Bindfaden markieren.

Abschließend werden die Samen mit feiner Anzuchterde übersiebt (nicht bei Lichtkeimern!), vorsichtig angedrückt und mit einer Sprühflasche gewässert. Damit man nicht vergisst, was man wann und wo gesät hat, sollte man die Saat mit Etiketten (Art, Sorte und Aussaattermin) versehen.

Sobald die Pflänzchen so groß sind, dass man sie gut mit den Fingern fassen kann, können sie

Dies kann im Februar gesät oder gepflanzt werden:		
Ort der Aussaat	Zeitpunkt*	Kultur
Beheiztes Gewächshaus oder warme Fensterbank	ab etwa Mitte Februar	Artischocke, Aubergine, Rot-/Weißkohl, Knollensellerie, Paprika, Physalis, Porree, Tomate
Frühbeet, Folientunnel	ab etwa Mitte/Ende Februar	Frühkohlrabi, Rot-/Weißkohl, Spitzkohl, Wirsing, Mangold, Karotten, Radies, Spinat
Freiland (Saat evtl. mit Vlies abdecken)	ab etwa Mitte/Ende Februar	Dicke Bohne (auch Saubohne genannt), Frühe Karotten, Pastinaken
* je nach Region in Deutschland können die angegebenen Zeiträume variieren		

pikiert, das heißt vereinzelt werden. Dazu hebt man die Pflänzchen samt Wurzel vorsichtig aus der Erde. Am besten geht das, wenn man ein dünnes Stäbchen vorsichtig unter die Wurzeln schiebt. Dann setzt man die Pflänzchen einzeln in kleine Blumentöpfe oder Multitopfplatten, wo sie dann bis zur Pflanzung ins Freiland weiter wachsen können. Vor dem Wechsel ins Freiland müssen die Pflanzen langsam an die Außentemperaturen gewöhnt werden.

Frühzeitig an die Schnecken denken

Wer schon jetzt im Garten die ersten Schnecken beseitigt, wird im Sommer weniger Sorgen haben. Dazu eignen sich Bierfallen. Im Gegensatz zum Frühling oder Sommer, wo Schnecken auf dem Weg zur Bierfalle noch eine Menge Schmackhaftes finden, ist zu dieser Jahreszeit nicht viel zu befürchten.

Bild 76: Schnecken schon frühzeitig bekämpfen!

Man schneidet in einen großen Jogurtbecher mit Plastikdeckel (gegen Regen) oben unter den Rand drei Löcher (groß genug, dass eine Schnecke durchkommt), füllt ihn mit Bier und setzt ihn in die Erde. Die Fallen müssen regelmäßig geleert und neu aufgefüllt werden.

Bild 77: Ein Schneckenzaun hilft die glitschigen Plagegeister vom Salat fernzuhalten.

Dicke Bohnen früh in den Boden

Wenn es die Witterung zulässt und der Boden trocken genug ist, sollten Dicke Bohnen so früh wie möglich ins Freiland gesät werden. In Regionen mit mildem Klima ist eine Aussaat bereits ab Mitte/Ende Februar möglich. In Regionen, wo es im Februar noch kälter ist, sollte man allerdings bis März warten.

Bild 78: Werden dicke Bohnen frühzeitig gesät, haben sie während der Samenanlage weniger Blattläuse.

Der Grund für die frühe Saat sind nicht die höheren Erträge. Vielmehr sollen die Pflanzen vor einem zu starken Befall mit Blattläusen geschützt werden. Sobald es warm und trocken wird, wandern die Blattsauger, durch die Honigdrüsen der Blätter angelockt, von den Gehölzen der Umgebung auf die Dicke Bohne über. Dort siedeln sie sich vorzugsweise auf den jungen Blättern an der Triebspitze an und verursachen teils erheblichen Saugschaden.

Mit der frühen Saat erreicht man, dass die Pflanzen zum Zeitpunkt des stärksten Blattlausbefalls bereits den größten Teil der Samenanlagen – dem späteren Erntegut – ausgebildet haben.

Spezielles im Februar

Mistbeete – Der schlaue Gärtner erntet früh

Wer meint, im Februar sei es noch zu früh, um im Garten Gemüse anzubauen, der liegt nur teilweise richtig. Natürlich ist es für die meisten Arten im Freiland noch zu kalt. Doch beispielsweise Dicke Bohnen wollen schon sehr früh in den Boden. Und mit einem Mistbeet kann man Väterchen Frost im Februar etwas austricksen. Wie sagt doch ein Sprichwort so schön: Der frühe Vogel fängt den Wurm.

Gemüseverfrühung durch Mistbeete

Mistbeete sind heutzutage aus der Mode gekommen. Ein Grund dafür ist, dass die Supermärkte den ganzen Winter über vitaminreiches Gemüse und Obst aus Übersee anbieten und beinahe jede Gärtnerei im Frühjahr ein variantenreiches Sortiment an Gemüsejungpflanzen führt. Früher war ein Mistbeet jedoch die einzige Methode, nach einem langen, entbehrungsreichen Winter frühzeitig an frisches und vitaminreiches Gemüse zu kommen.
Doch in Gärten ambitionierter Hobbygärtner ist das Mistbeet manchmal wieder zu finden. Es ist eine kostengünstige Alternative zum Gewächshaus, obwohl es dieses nicht vollständig ersetzen kann. Pferde- oder Rindermist als Grundsubstrat zu beschaffen, ist heute auch kein Problem mehr. Vor allem in Stadtrandlage gibt es immer mehr Reiterhöfe, auf denen Pferdemist meist kostenlos abgeholt werden kann. Einige Gartencenter bieten sogar schon abgepackten Pferdemist an.

Bild 79: Ein solcher Frühbeetkasten kann für ein Mistbeet genutzt werden.

Warme Füße, warmer Kopf

Für die Anlage eines Mistbeets benötigt man einen Frühbeetkasten. Diesen kann man als Fertigbausatz über den Gartenfachhandel beziehen. Wer Zeit hat, kann sich auch aus ein paar Brettern und etwas Glas oder Folie selbst einen Kasten bauen.
Ab Anfang Februar wird der Kasten mit einer 60 Zentimeter dicken Schicht Pferdemist befüllt, über die eine etwa 20 Zentimeter dicke Lage Kompost geschichtet wird. Wem kein Mist zur Verfügung steht, der kann auch Stroh verwenden. Mit Kalkstickstoff vermischt und warmem Wasser durchfeuchtet hat es etwa die gleichen Eigenschaften wie Mist. Alternativ zu

Kalkstickstoff kann auch Pflanzenjauche verwendet werden.
Der Trick des Mistbeets besteht darin, dass Mikroorganismen Wärme produzieren wenn sie den Mist abbauen. Dadurch bekommen die Pflanzen „warme Füße". Tagsüber sorgt die Sonne zusätzlich für einen „warmen Kopf". Durch die hohen Temperaturen im Frühbeetkasten wachsen die Pflanzen schneller und ermöglichen es, das Mistbeet bereits im Februar zu bepflanzen und somit zwei bis vier Wochen früher zu ernten.

Bepflanzen mit Frühgemüse

Einige Tage nach dem Befüllen des Kastens mit Mist und Kompost hat sich das Substrat erwärmt und kann bepflanzt werden. Angebaut werden zunächst kälteunempfindliche Arten wie Radies, Spinat, Salat, frühe Karotten, Kohlrabi, Blumenkohl und Salat. Auch mit der Jungpflanzenanzucht von Gemüse kann man schon beginnen.

Vorsicht vor Schnecken: Die schleimigen Weichtiere sind zu dieser Jahreszeit bevorzugt in warmen Mistbeetkästen unterwegs.

Im Sommer kann der Mistbeetkasten für die Kultur von besonders wärmebedürftigen Kulturen wie Tomaten, Paprika oder Gurken verwendet werden. Im Winter gedeihen darin zum Beispiel Feldsalat und Postelein sehr gut.

Das Brot aus dem eigenen Garten

Der lange Weg vom Korn bis zum Brot ist den meisten nur noch aus der Theorie bekannt. Kaum jemand kauft sich heute noch Getreide beim Bauern und mahlt und backt es aufwändig selbst – vom Anbau des Getreides einmal ganz abgesehen.

Doch warum eigentlich nicht? Sein eigenes Brot wachsen zu sehen, das wäre doch mal spannend! Das Getreide säen, pflegen und ernten, dreschen, reinigen und mahlen. Mit einem solchen Projekt kann man garantiert auch die Kinder begeistern.

Welches Getreide eignet sich?

Wer einmal im Lexikon unter „Getreide" nachschlägt, wird sich wundern, wie viele Getreidearten es gibt. Doch nicht jede Getreideart eignet sich gleichermaßen gut für die Brotherstellung. Um ein richtiges Brot backen zu können, ist ein gewisser Glutengehalt im Mehl unerlässlich, denn dieses Klebereiweiß sorgt dafür, dass aus dem Teig ein echter Brotlaib wird und nicht nur ein Fladen.

Pseudogetreide wie Amaranth oder Buchweizen scheiden daher schon mal aus, denn diese enthalten kein Gluten. Aus dem gleichen Grund ungeeignet zum Brotbacken sind auch Reis, Mais und Hirse. Das Mehl dieser Getreidearten lässt sich jedoch verwenden, um leckere Fladen zu backen, zum Beispiel Maistortillas.

Bild 80: Für ein Kilogramm Weizenbrot benötigt man eine Getreide-Anbaufläche von etwa 1,5 m².

Leider muss man für die heimische Brotherstellung auch auf die Verwendung von so genannten Spelzgetreiden verzichten. Die Körner dieser Getreide sind sehr fest mit den Spelzen (den Hüllen) verbunden und müssen vor dem Vermahlen erst einmal in einer speziellen Mühle entspelzt werden. Dieser Vorgang wird in der Fachsprache „Schälen“ genannt und erfolgt in Schälmühlen. Zu den Spelzgetreiden zählen Hafer, Gerste, Reis, Hirse (Rispen- und Kolbenhirse), Emmer, Dinkel und Einkorn. Heute gibt es jedoch „nackte“ Züchtungsformen von Hafer und Gerste.

Für das Getreideexperiment im Garten eignen sich am besten so genannte Nacktgetreide, zu denen Weizen und Roggen gehören. Diese Getreidearten besitzen sehr harte Hüllspelzen, die sich bereits beim Dreschen vom Korn lösen.

Bild 81: Weizen ist ein hervorragendes Brotgetreide.

Um möglichst einfach zu beginnen, wählt man für den Anfang am besten nur eine Getreideart. Dafür bietet sich vor allem der Weizen an. Ein 1000-g-Weizenbrot enthält etwa 500 bis 600 g Mehl. Um diese Menge zu ernten, benötigt man eine Fläche von etwa 1,5 m2. Will man mehr als ein Brot, muss man die Fläche entsprechend vergrößern. Winterweizen bringt wegen der längeren Vegetationszeit in der Regel mehr Ertrag als Sommerweizen.

Säen und Ernten

Getreidesaatgut gibt es meist nur in sehr großen Packungen. Aber oft kann man bei Raiffeisenmärkten oder auf dem Bauernhof zwei bis drei Handvoll Weizensaatgut lose kaufen. Weizenkörner aus dem Naturkostladen können natürlich auch als Saatgut verwendet werden. Die Keimrate ist dabei geringer als bei Saatweizen, aber für das kleine Getreideprojekt ist das nicht so wichtig. Am einfachsten ist es, wenn man die Körner – wie in alten Zeiten – mit der Hand breitwürfig über das Beet verteilt. Durch leichtes Anwalzen oder Andrücken mit den Füßen erhalten die Körner besseren Bodenkontakt und keimen besser. Die Saat kann aber auch – wie beim Gemüse üblich – in Saatrillen in den Boden eingebracht werden. Geerntet wird der Weizen, wenn die

Tipps für den Weizenanbau:	
Saatzeit:	Winterweizen: Oktober bis Ende November Sommerweizen: Januar (sobald es der Boden zulässt) bis März
Saatdichte:	etwa 25 g/m^2 breitwürfig mit der Hand übers Beet verteilen, Saat leicht anwalzen oder mit den Füßen andrücken
Düngung:	vor der Saat reichlich Kompost
Pflege:	Unkraut beseitigen
Ernte:	Juli/August, Ähre krümmt sich nach unten, Korn ist mit dem Fingernagel nicht einzudrücken

Ähren beginnen, sich nach unten zu krümmen. Das Korn darf sich dann nicht mehr mit dem Fingernagel eindrücken lassen. Man schneidet die Ähren samt Stängel eine Handbreit über dem Boden ab.

Dreschen und Reinigen für den Hausgebrauch

Zum Dreschen empfiehlt es sich, die kompletten Getreidehalme kopfüber, das heißt mit den Ähren zuerst, in einen Stoffbeutel zu stecken. Dieser Beutel wird dann so lange vor eine harte Kante – zum Beispiel eine Stuhllehne – geschlagen, bis sich das Korn komplett aus den Ähren gelöst hat. Um den Weizen von der Spreu zu trennen, hat sich ein Fön bewährt: Die leichtere Spreu lässt sich mit dem Fönwind leicht wegblasen.

Das Mahlen und Backen

Jetzt ist das Mehl fast soweit. Nun müssen die Körner nur noch gemahlen werden. Dafür benötigt man eine Getreidemühle. Wer selbst keine besitzt, sollte mal bei Freunden oder Nachbarn nachfragen. Oft kann man sich eine Getreidemühle auch ausleihen oder es mit einer alten Kaffeemühle probieren. Zum Abschluss noch das Mehl mit Wasser, Salz und Hefe vermischen, den Teig kneten und anschließend im Backofen oder Brotbackautomaten backen – fertig ist das Brot aus dem eigenen Garten.

Bild 82: Das Korn ist reif, wenn sich die Ähre nach unten neigt.

Anhang

Aussaat- und Pflanzzeiten von Gemüse, Obst & Co.

Gemüse, Obst & Co. – Das Gartenjahr im Überblick					
	Abstand	**Anzucht**	**Pflanzung**	**Direktsaat Freiland**	**Ernte**
Gemüse					
Amaranth, Gemüse-	40 x 30	-	-	A. Mai – M. Mai	ab A. Juli
Artischocke	100 x 100	ab A. Februar – E. März (unter Glas)	Mai	A. Mai	E. August - September
Aubergine	40 x 40	M. März – M. April (unter Glas)	M. Mai – A. Juni	-	ab A. August
Bohnen - Busch- - Stangen- - Dicke	 45 x 7 6-8 Pfl./St. 80 x 80 60 x 12	 - - -	 - - -	 A. Mai – M. Juli M. Mai – A. Juli M. Februar – A. April	 nach 2-3 Monaten nach 3-5 Monaten E. Juni – E. Juli
Erbsen, Zucker-	40 x 4	-	-	M. März – M. Juni	nach 2-3 Monaten
Erdbeerspinat	25 x 15	-	-	A. März – E. Juni	Mai – Juli/August
Gemüsefenchel - früher[1] - später	 45 x 20 45 x 20	 A. April – M. Mai M. Mai – E. Juni	 A. Mai – M. Juni M. Juni – E. Juli	 ab M. April E. Mai – A. Juli	 nach 3 Monaten nach 3 Monaten
Haferwurzel	25 x 15	-	-	A. März – A. Mai	ab A. Oktober
Karotten - frühe - späte	 25 x 4 25 x 7	 - -	 - -	 A. März – M. Juli A. Mai – A. Juli	 nach 3-3,5 Monaten nach 4 Monaten
Kartoffel - frühe - Lager-	 60 x 30 60 x 30	 - -	 M. April – E. Mai M. April – E. Mai	 - -	 ab E. Juni M. August – E. September
Knoblauch	20 x 15	-	September/Oktober o. März/April	-	ab Juli/August
Knollenziest	45 x 30	-	A. März – E. April	-	A. Oktober – E. Januar
Kohl Blumenkohl - Sommer- - Herbst- - Winter-	 60 x 60 65 x 60 70 x 65	 E. März – M. Mai (Frühbeet) M. Mai – A. Juli M. Juni – A. Juli	 E. April – E. Juni M. Juni – E. Juli A. August – M. August	 - - -	 A. Juli – A. September E. August – A. Dezember E. März – E. Mai
Brokkoli	50 x 50	E. März – A. Juli	A. Mai – A. August	-	nach 2-3 Monaten
Grünkohl	50 x 50	A. Mai – E. Juni	A. Juni – A. August	-	ab E. Oktober
Kohlrabi - frühe - späte	 30 x 25 30 x 30	 ab A. März (Frühbeet) E. April – M. Juni	 A. April – A. Juni A. Juni – M. Juli	 - -	 nach 2-3 Monaten nach 2-3 Monaten
Spitzkohl - früher - Sommer-	 40 x 40 40 x 40	 A. Februar – E. Februar (Frühbeet) M. März – A. Juni	 M. März – M. April A. Mai – M. Juli	 - -	 M. Juni – M. August A. August – M. Oktober
Rosenkohl	60 x 60	M. März – M. April	E. April – A. Juni		Oktober – Februar

Gemüse, Obst & Co. – Das Gartenjahr im Überblick

	Abstand	Anzucht	Pflanzung	Direktsaat Freiland	Ernte
Gemüse					
Rot-/ Weißkohl					
- früher	50 x 50	E. Januar – E. Februar (unter Glas)	A. April – M. Mai	-	A. Juli – M. August
- Herbst-	60 x 50	E. Februar – E. März (Frühbeet)	A. Mai – E. Mai	-	E. September – E. November
- Lager-	60 x 60	M. März – E. April	E. Mai – E. Juni	-	E. Oktober – E.November
Wirsing					
- früher	50 x 50	A. Februar – E. Februar (Frühbeet)	M. März – M. April	-	M. Juni – E. Juli
- Herbst-	50 x 50	A. März – E. April	A. April – E. Juni	-	A. August – A.Dezember
- später	60 x 60	M. April – E. Mai	M. Juni – E. Juli	-	A. November – M. März
Kürbis	150 x 150	ab M. April	ab M. Mai	ab M. Mai	ab E. August
Mangold, Stiel-	40 x 30	-	-	M. April – E. Mai	A. Juli – E. August
Paprika	40 x 40	M. März – M. April (unter Glas)	M. Mai – A. Juni	-	E. Juli – A. August
Pastinake	35 x 20	-	-	A. März – E. Mai	E. September – E. März
Porree					
- Sommer-	25 x 10	M. Januar – E. Februar (unter Glas)	A. April – M. Mai	-	E. Juni – E. August
- Herbst-	40 x 15	M. März – A. April (Frühbeet)	E. Mai – E. Juni	-	E. August – E. Dezember
- Winter-	40 x 15	A. April – E. April (Frühbeet)	A. Juli – A. August	-	A. Januar - Mai
Radieschen	10 x 5	-	-	M. Februar – M. August	E. April – E. September
Rettich					
- Sommer	30 x 15	-	-	April – M. Juni	A. Juni – E. Juli
- Winter	30 x 15	-	-	M. Juni – M. August	A. Oktober – E. November
Rhabarber	120 x 120	-	Oktober – E. November o. März	-	M. Juni – A. Juli
Rote Bete	30 x 10	-	-	M. März – A. Juli	M. Juni – E. November
Rübstiel	15 x 1	-	-	A. April o. September	nach 1,5-2 Monaten
Schwarzwurzeln	25 x 10	-	-	August o. März/April	ab A. Oktober
Sellerie, - Knollen- - Stangen-	40 x 40	A. März – E. April (unter Glas)	E. Mai	-	nach 4-5 Monaten
Spargel, Grün-	100 x 40	-	März/April	-	Mai – Juni (3. Jahr)
Spinat					
- Frühjahr	15 x 10	-	-	A. März – M. April	A. Mai – A. Juni
- Herbst	15 x 10	-	-	A. August – M. September	E. September – E. Oktober
Steckrübe	50 x 40	ab M. Mai	A. Juli	A. Juni – E. Juni	A. September – E. November
Tomaten		M. März – M. April (unter Glas)	M. Mai – A. Juni	-	August – Oktober
Topinambur	60 x 40	-	März/April o. Oktober/November	-	September – März
Zucchini	2 m^2/Pfl.	ab A. April	ab M. Mai	ab M. Mai	ab A. Juli
Zuckermais	-	ab A. April	ab A. Mai	ab M. Mai	ab. A. Sep
Zuckerwurzel	30 x 15	-	-	August/September o. März/April	ab. Oktober (2. Jahr)

Gemüse, Obst & Co. – Das Gartenjahr im Überblick					
	Abstand	**Anzucht**	**Pflanzung**	**Direktsaat Freiland**	**Ernte**
Gemüse					
Zwiebeln - Saat- - Steck- - Bund-	 25 x 8 25 x 10 30 x 3	 - - -	 - März – April ab M. April	 A. März – A. April - ab A. März	 M. August – E. September ab. A. Juli M. Juni – A. Oktober
Salat					
Chinakohl	40 x 30	ab M. April (Frühbeet)	M. Mai – M. August	M. Juli – A. August	E. Juli – E. November
Blattsalate - Eichblatt - Kraussalat - 'Lollo'	 35 x 35 35 x 35 35 x 35	 März – Juli März – Juli März – Juli	 A. April – E. August A. April – E. August A. April – E. August	 M. März – E. Juli M. März – E. Juli M. März – E. Juli	 nach 1,5-2 Monaten nach 1,5-2 Monaten nach 1,5-2 Monaten
Eissalat	35 x 35	März – Juli	A. April – M. August	E. März – E. Juli	nach 2-2,5 Monaten
Endivie - Sommer- - Herbst-	 35 x 30 40 x 30	M. April – M. Juni (unter Glas) M. Juni – E. Juli	M. Mai – M. Juli M. Juli – M. August	- -	Juli – August September – November
Feldsalat	15 x 2	-	-	E. Juli – A. September	ab A. November
Salatgurke	150 x 40			ab M. Mai	A. Juni – E. September
Kopfsalat	30 x 25	März – Juli	A. April – M. August	E. März – E. Juli	nach 1,5-2 Monaten
Postelein	15 x 1	-	-	E. August – A. September	ab März (2. Jahr)
Radicchio	30 x 20	-	-	M. Juni – M. Juli	Oktober – März
Rauke	15 x 0,5	-	-	A. April – A. September	nach 1-1,5 Monaten
Romana	35 x 35	März – Jul	M. März – A. August	E. März – E. Juli	nach 1,5-2 Monaten
Zuckerhut	30 x 30	-	-	M. Juni – A. Juli	E. September – A. November
Gartenkräuter					
Anis	30 x 15	-	-	E. März – M. Mai	A. Juli – E. September
Bärlauch	-	-	A. März – A. Mai	A. September – E. Oktober	A. März – M. Juni
Basilikum	25 x 25	M. März – M. April (unter Glas)	ab M. Mai	-	Juni – September
Bohnenkraut	25 x 25	März – E. April (unter Glas)	M. Mai – M. Juni	M. Mai – M. Juni	A. Juni – September
Dill	30 x 30	-	-	A. April – M. August	ab M. Mai
Estragon, franz.	30 x 40	-	März/April o. September/Oktober	-	ab A. Mai
Estragon, russ.	40 x 40	-	-	April/Mai	ab A. Mai
Kapuzinerkresse	20 x 10	-	-	ab April – Juni	ab M. Mai
Kerbel	10 x 1	-	-	M. März – E. Juli	ab M. April
Koriander	30 x 15	-	-	April/Mai	M. Juli – E. August
Kresse	12 x 8	-	-	M. März – A. Oktober	M. April M. November
Kümmel	30 x 35	-	-	März/April A. August	E. Juni – A. August
Liebstöckel	50 x 50	-	März/April o. September/Oktober	-	ab M. Mai

Anhang

Gemüse, Obst & Co. – Das Gartenjahr im Überblick					
	Abstand	**Anzucht**	**Pflanzung**	**Direktsaat Freiland**	**Ernte**
Gartenkräuter					
Meerrettich	80 x 30	-	März – M. Juli	-	M. September – M. März
Melisse	30 x 30	-	M. Mai – Oktober	-	E. Juni – E September
Oregano	20 x 15	Februar/März	Mai/Juni	April – A. Mai	Juni – August
Pfefferminze	30 x 30	-	April/Mai o. September/Oktober	-	Juni – Oktober
Petersilie	20 x 5	-	-	März – Mai	Mai – Dezember
Pimpinelle	30 x 30	-	-	E. März – E. August	E. Mai – E. September
Rosmarin	50 x 50	-	E. April – M. Juli	-	M. April – E. September
Salbei	30 x 40	M. April – A. Mai (Frühbeet)	M. Mai – Oktober	M. Mai – E. Juli	Mai – Oktober
Sauerampfer	25 x 15	-	März/April o. August	März/April o. August	April – Oktober
Schnittlauch	25 x 20	März/April (Frühbeet)	März/Mai o. September/Oktober	April o. August	Mai – November
Schnittsellerie	30 x 5	März/April (unter Glas)	A. Juni – A. Juli	Mai	ab M. Juli
Thymian	20 x 20	-	April/Mai o. September/Oktober	A. April – E. August	Mai – August
Waldmeister	-	-	E. August – A. Oktober	-	April - Mai
Obst					
Andenbeeren	-	ab März (unter Glas)	M. Mai	-	August/September
Apfel[2] - auf M 11 - auf M 4 o. M 7 - auf M 9 o. M 26	 500 x 500 300 x 300 300 x 130	 - - -	 Herbst/Frühjahr Herbst/Frühjahr Herbst/Frühjahr	 - - -	 sortenabhängig sortenabhängig sortenabhängig
Birne[2] - Sämlingsunt. - Quittenunterl.	 500 x 500 300 x 150	 - -	 Herbst/Frühjahr Herbst/Frühjahr	 - -	 sortenabhängig sortenabhängig
Brombeeren	200 x 200	-	April/Mai o. Oktober/November	-	August – Oktober
Erdbeeren	90 x 30	-	Juli/August	-	Juni/Juli
Herbsthimbeeren[3]	200 x 40	-	Mai/Juni o. Oktober/November	-	August – A. November
Holunder	400 x 400	-	Herbst/Frühjahr	-	M. August – E. Oktober
Johannisbeeren	150 x 100	-	März/April o. Oktober/ November	-	A. Juli – M. August
Kiwi	500 x 300	-	März/April o. Juni/Juli	-	Oktober – November
Kulturheidelbeeren	200 x 150	-	März/April o. Oktober/ November	-	M. Juli – A. September
Pflaume[2] - Spindel[3] - Busch/ Halbst. - Hochstamm	 200 x 200 500 x 500 800 x 600	 - - -	 Herbst/Frühjahr Herbst/Frühjahr Herbst/Frühjahr	 - - -	 sortenabhängig sortenabhängig sortenabhängig

Gemüse, Obst & Co. – Das Gartenjahr im Überblick					
	Abstand	Anzucht	Pflanzung	Direktsaat Freiland	Ernte
Obst					
Sommer-himbeeren[4]	150 x 40	-	Mai/Juni o. Oktober/ November	-	Juni – Juli
Stachelbeeren	150 x 200	-	Oktober/ November	-	E. Juni – E. Juli
Süßkirsche auf - Gisela 5 - F 12/1 oder Sämling	200 x 300 1000x1000	- -	Herbst/Frühjahr Herbst/Frühjahr	- -	A. Juni – E. Juli A. Juni – E. Juli
Erläutungen:	Abstand: Reihenabstand [cm] x Abstand in der Reihe [cm]				Quelle: Jörg Planer, 2008
	Anzucht: Wenn nicht anders angegeben im Freiland				
	A.: Anfang, M.: Mitte, E.: Ende				
	1) nur schossfeste Sorten 2) der Pflanzabstand ist von der Unterlage abhängig 3) auf Unterlagen Vavit oder Wangenheim 4) Grünpflanzen im Mai oder Juni, Wurzelware im Oktober oder November				

Bildnachweis

Peter Meyer, aid	Titel, März,1,2,3,6,7, April,9,10,11,14,15,18,19,20,22,23, 24,25,29,32,35,36,37,38,41, August,42,43,44,45,46,47, 50,51,53,54,55,56, Seite 60,58,63, Dezember,64,65, 66,67,69,72, Februar,76,77,78,79,80,81,82
aboutpixel.de/Inga Palme	52
Bernhard Gruber	8
BLE/Thomas Stephan	39
bls999/PHOTOCASE	Oktober, 57
dottie/PHOTOCASE	49
Hekla Terriol/PIXELIO	17
Jörg Planer	4,5,12,13, Mai,21, Juni,26,27,28,30,31,33,34, Juli,40, September,48,59, November,60,61,70, Januar,71,75, Anhang
Meinhard Siegmundt/PIXELIO	16
misterQM/PHOTOCASE	62
Neudorff	68
pilzshop.de	73,74

Nützliche Adressen für Hobbygärtner

Gartenakademien der Bundesländer

In sechs Bundesländern gibt es so genannte Gartenakademien, die sich zum gemeinsamen Ziel gesetzt haben, den umweltschonenden Freizeitgartenbau zu unterstützen. Sie sind integriert in staatliche Versuchs- und Forschungseinrichtungen für Landwirtschaft und Gartenbau bzw. Landwirtschaftskammern. Mit ihrem vielfältigen Angebot und einer unabhängigen, kompetenten und neutralen Beratung unterstützen sie den Freizeitgartenbau, Vereine und Verbände sowie kommunale und berufsständische Einrichtungen.

- Mehr Informationen unter **www.gartenakademien.de**

Landwirtschaftliche Untersuchungs- und Forschungsanstalten (LUFA)

Die landwirtschaftlichen Untersuchungs- und Forschungsanstalten betreiben in erster Linie Agrar- und Umweltanalytik. In den Labors wird die gesamte landwirtschaftliche und gartenbauliche Produktionskette von der Erzeugung bis zur Nahrungsmittelverarbeitung untersucht. Aber auch für den Haus- und Hobbygarten bieten die LUFAs Dienstleistungen. Sie untersuchen beispielsweise Gartenerde- und Pflanzenmaterial auf Nährstoff- oder Schadstoffgehalte. Außerdem werden im Rahmen von Bodenuntersuchungen Düngeempfehlungen gegeben.

- Weitere Informationen über die LUFAs der verschiedenen Bundesländer finden Sie unter **www.vdlufa.de (unter Links/LUFA).**

Pflanzenschutzdienste der Länder

Die Pflanzenschutzdienste helfen Ihnen weiter bei der Diagnose von Pflanzenkrankheiten und –schädlingen. Des Weiteren finden Sie dort kompetente Beratung zum Einsatz von Pflanzenschutzmitteln im Haus- und Kleingarten.

- Informationen über den für Sie zuständigen Pflanzenschutzdienst erfragen Sie bitte bei ihrer Stadt oder Kommune.

Landwirtschaftskammern

Die Landwirtschaftskammern haben die Aufgabe, die Landwirtschaft und die in ihr Berufstätigen zu fördern und zu betreuen und im Rahmen ihrer Aufgaben den ländlichen Raum zu stärken. Auf den Internetseiten der Landwirschaftskammern finden Sie aber auch nützliche Tipps rund um den Hausgarten: so zum Beispiel zur Entnahme von Bodenproben, Bestimmung von Pflanzenkrankheiten usw.

- Links zu den Landwirtschaftskammern finden Sie unter **www.landwirtschaftskammern.de**

Giftnotrufzentralen

Hilfe und Auskunft bei Vergiftungen durch giftige Pflanzen geben die Informations- und Behandlungszentren für Vergiftungsfälle in Deutschland.

- Eine Übersicht der Giftnotrufzentralen finden Sie unter www.giftinfo.uni-mainz.de.

Telefonnummern der Giftinformationszentren im deutschsprachigen Raum:

BERLIN
BBGes – Giftnotruf Berlin
Tel.: 030/19240 Fax: 030/3068 6799

HOMBURG/SAAR
Informations- und Beratungszentrum für Vergiftungsfälle
Tel.: 06841/19240 -/162 83 14
Fax: 06841/162 84 38

BONN
Informationszentrale gegen Vergiftungen
Tel.: 0228/19240 Fax: 0228/287 3314

MAINZ
Giftinformationszentrum (GIZ)
Tel.: 06131/19240 oder 0700-GIFTINFO
Infoline: 06131-23 24 66
Fax: 06131/23 2469 oder 06131/280556

ERFURT
Gemeinsames Giftinformationszentrum der Länder Mecklenburg-Vorpommern, Sachsen, Sachsen-Anhalt und Thüringen
Tel.: 0361/730 730 Fax: 0361/730 7317

MÜNCHEN
Giftnotruf München
Tel.: 089/19240

FREIBURG
Vergiftungs-Informations-Zentrale
Tel.: 0761/19240 Fax: 0761/270 4457

NÜRNBERG
Giftnotrufzentrale Nürnberg
Tel.: 0911/398 2665
Fax: 0911/398 2192 oder -2205

Giftnotruf: 0911/398-2451
oder 0911/398-2665

GÖTTINGEN
Giftinformationszentrum-Nord der Länder Bremen, Hamburg,
Niedersachsen und Schleswig-Holstein
(GIZ-Nord)
Tel.:0551/19 240
Fax: 0551/38 31 88 1

Wien
Allgemeines Krankenhaus Wien
Tel.: +431 406 43 43

Zürich
Schweizerisches Toxikologisches Informationszentrum
Notfall-Tel.: 145
aus dem Ausland: +41 44 251 51 51

aid-Medien

Giftige Pflanzen - im Garten, Haus und öffentlichen Grün

Auf schnelle und unkomplizierte Art trägt das Heft dazu bei, Giftpflanzen zu erkennen und diese von ähnlichen, auch ungiftigen Pflanzen zu unterscheiden. Das Heft stellt 59 Giftpflanzen vor, beschreibt ihre wichtigsten Erkennungsmerkmale mit farbigen Abbildungen und nennt mögliche Doppelgänger. Erläutert wird zudem, ob und welche Gefahr von den Pflanzen ausgeht, welche Teile besonders giftig sind und was man im Falle einer Vergiftung tun kann. Außerdem informiert das Heft über die Zusammensetzung und Wirkung der häufigsten Pflanzengifte und erläutert, was im Verlauf einer Vergiftung wesentlich ist. Ein (lebensrettender) Ratgeber für Eltern mit kleinen Kindern, Kindergärtner/-innen, Lehrer/-innen und Ärzte.
Heft Print, 14 x 21 cm, 112 Seiten

Bestell-Nr. 5-1395

Pflanzenschutz im Garten

Schädlinge und Pflanzenkrankheiten können die Freude am Garten auf einen Schlag vernichten. Wie Sie als Hobbygärtner Ihre Nutz- und Zierpflanzen schützen und bereits erkrankte Pflanzen retten können, erfahren Sie in diesem praktischen Ratgeber. Zahlreiche Farbfotos veranschaulichen die Schadbilder der wichtigsten Krankheiten und Schädlinge an Obst, Gemüse, Zierpflanzen und Rasen. So können Sie erkennen, woran Ihre Pflanzen leiden und sich über geeignete Gegenmaßnahmen informieren. Vorbeugende Maßnahmen, wie die richtige Standortwahl, und nichtchemische Verfahren, von Fallen über Kräuterauszüge bis hin zu Pflanzenstärkungsmitteln, stehen dabei im Vordergrund.
Heft Print, 14 x 21 cm, 88 Seiten

Bestell-Nr. 5-1162

Heil- und Gewürzpflanzen aus dem eigenen Garten

66 Heil- und Gewürzpflanzen werden in Wort und Bild vorgestellt. Die verschiedenen Varianten von Kräutergärten, deren Anlage sowie die zu ihrer Pflege erforderlichen Arbeiten werden beschrieben. Für jede Pflanzenart werden die Kulturansprüche, die vielfältigen Verwendungsmöglichkeiten in der Küche oder in der Naturheilkunde und verschiedene Konservierungsverfahren erläutert.
Heft Print, 14 x 21 cm, 56 Seiten

Bestell-Nr. 5-1192

Gesunde Rosen

Das Heft richtet sich an alle Rosenliebhaber. Es gibt einen Überblick über die große Auswahl an Rosensorten, die gegen die wichtigsten Krankheiten Mehltau, Rosenrost und Sternrußtau relativ widerstandsfähig sind, und stellt sie in Wort und Bild vor. Für den Rosenfreund sind im Heft auch Pflegehinweise enthalten, wie durch geeignete Maßnahmen z.B. durch Rückschnitt, bedarfsgerechte Ernährung und geeigneten Winterschutz die Wuchskraft und Widerstandsfähigkeit der Pflanzen erhöht werden können. Außerdem erhält der Leser eine reich bebilderte Auflistung der wichtigsten Rosenkrankheiten und -schädlinge.

Heft Print, 14 x 21 cm, 136 Seiten

Bestell-Nr. 5-1229

Welches Obst für meinen Garten?

Zu jedem Nutzgarten gehören Baumobst, Beerenobst und Erdbeeren. Das Heft gibt Haus- und Kleingärtnern einen Einblick in die Vielfalt der Obstarten und -sorten. Es werden vorzugsweise Sorten vorgestellt, die möglichst widerstandsfähig gegen Krankheits- und Schädlingsbefall sind. Denn die Verwendung widerstandsfähiger Obstsorten ist auch im Hobbybereich eine der wichtigsten Maßnahmen des Integrierten Pflanzenschutzes.

Heft Print, 14 x 21 cm, 116 Seiten

Bestell-Nr. 5-1351

Schadschnecken - Biologie, Arten und Bekämpfung

Schnecken sorgen im Kleingarten und auch im professionellen Acker- und Gartenbau für hohe Ertragseinbußen. Eine Bekämpfung ist häufig unumgänglich. Das Heft beschreibt ausführlich die Biologie und Lebensweise der häufigsten Schadschnecken. Hochwertige Bilder helfen, die einzelnen Arten zu unterscheiden. Von der mechanischen Barriere über die Förderung von Nützlingen bis zu chemischen Maßnahmen beschreibt das Heft alle Möglichkeiten, den Schneckenbefall zu begrenzen. Auch vorbeugende Maßnahmen und alternative Mittel zur Schneckenbekämpfung werden ausführlich erläutert. Ein kompakter Ratgeber für Hobbygärtner, Landwirte und Gemüsegärtner.

Heft Print, 14 x 21 cm, 64 Seiten

Bestell-Nr. 5-1509

Bestellung

www.aid-medienshop.de

aus Deutschland:
aid infodienst e. V.
- Vertrieb -
Postfach 1627, 53006 Bonn
Telefon: 0180 3 849900*
Telefax: 0228 84 99-200
E-Mail: bestellung@aid.de

*Kosten: 9 Cent pro Minute aus dem deutschen Festnetz. Für den Mobilfunk können abweichende Tarife gelten.

aus Österreich und Südtirol:
avBUCH, Sturzgasse 1A,
1140 Wien/Österreich
Telefon: 0043 1 982 33 44-482 oder -441
Telefax: 0043 1 982 33 44-459
E-Mail: buch@avbuch.at

Kunden-Nr. (falls vorhanden)

Name/Vorname

Firma/Abteilung

Straße und Hausnummer/Postfach

PLZ/Ort

Telefon/Fax

E-Mail

Ich (Wir) bestelle(n) zuzüglich einer Versandkostenpauschale von 3,00 € (innerhalb Deutschlands) gegen Rechnung (Angebotsstand: Juli 2009).

Best.-Nr.	Titel	Medium	Anzahl	Einzelpreis €	Gesamtpreis €
5-1559	Von Apfel bis Zucchini – Das Jahr im Garten	Heft		5,00	
5-1395	Giftige Pflanzen – im Garten, Haus und öffentlichen Grün	Heft		4,00	
5-1162	Pflanzenschutz im Garten	Heft		3,50	
5-1192	Heil- und Gewürzpflanzen	Heft		2,50	
5-1229	Gesunde Rosen	Heft		5,00	
5-1351	Welches Obst für meinen Garten?	Heft		4,50	
5-1509	Schadschnecken – Biologie, Arten und Bekämpfung	Heft		2,50	
5-1523	Schnittblumen frisch halten – in Produktion, Handel und zu Hause	Heft		4,00	
5-4153	Abenteuer mit Kasimir – Garten, Zwerge & Co. - Mein eigener Garten	CD-ROM		19,95	
5-3264	aid-Medienkatalog	Heft		0,00	0,00

☐ Ich möchte regelmäßig und kostenlos den aid-Medienkatalog erhalten. Diese Zusendung kann ich jederzeit widerrufen.

Auftragswert ______

Bestellungen erfolgen ausschließlich unter Einbeziehung unserer allgemeinen Geschäftsbedingungen, die Sie im Internet unter www.aid-medienshop.de einsehen oder unserem Medienkatalog entnehmen können, den wir Ihnen auf Anforderung kostenlos zusenden. Die Informationen zur Widerrufsbelehrung und den Widerrufsfolgen auf der gegenüberliegenden Seite habe ich zur Kenntnis genommen.

Datum/Unterschrift

aid infodienst Ernährung, Landwirtschaft, Verbraucherschutz e. V. (aid), Heilsbachstraße 16, 53123 Bonn, Telefon: 0228 8499-0, Telefax: 0228 8499-177, Geschäftsführender Vorstand: Frau Dr. Margareta Büning-Fesel, eingetragen im Vereinsregister (Registernr. 2240) beim Amtsgericht Bonn